活页式教材使用注意事项

01 根据需要,从教材中选择需要撕下来单独使用的页面。

02 小心地沿页面根部的虚线将页面撕下。为了保证沿虚线撕开,可以先沿虚线折叠一下。
注意:一次不要同时撕太多页。

03 撕下的活页式页面或者笔记记录页,使用后放置到封底活页式口袋夹中,以免丢失。

温馨提示:在第一次取出教材正文页面之前,可以先尝试撕下本页,作为练习。

高等职业教育产教融合系列教材

互联网品牌营销
（活页式教材）

郭在云　桂林斌　陈　强　主　编

北京理工大学出版社
BEIJING INSTITUTE OF TECHNOLOGY PRESS

内 容 简 介

随着人们消费习惯和消费行为的不断网络化，网络市场成为各大企业竞争的主战场，同时网络整合营销也成为网络营销市场的主流。本书从网络整合营销的角度出发，以理论知识和项目实践相结合的方式，介绍互联网整合营销设计的相关知识与设计制作技能，通过综合项目实践方式辅助实战演练任务，帮助学生达到学习目标。全书共包含三大部分，分别是第一大部分：整合营销基础（包含"项目一 互联网品牌营销概述""项目二 品牌营销流程设计"），第二大部分：营销渠道建设与内容运营（包含"项目三 互动营销渠道建设与内容运营""项目四 事件营销渠道建设与内容运营""项目五 互联网口碑营销""项目六 互联网广告营销""项目七 搜索引擎营销"），第三大部分：整合营销项目综合实训（包含"项目八 社群运营""项目九 O2O活动运营"）。每个项目通过理论结合实际让学生对互联网品牌营销有深刻的认识，并为未来就业打下坚实的基础。

本书以互联网品牌整合营销的实用基础为编写导向，既可作为各类网络营销培训机构和高等院校网络营销课程的教材，也可作为网络营销相关工作从业者的参考书。

版权专有　侵权必究

图书在版编目（CIP）数据

互联网品牌营销／郭在云，桂林斌，陈强主编. --北京：北京理工大学出版社，2023.6
ISBN 978-7-5763-2522-5

Ⅰ.①互… Ⅱ.①郭… ②桂… ③陈… Ⅲ.①网络营销-品牌营销 Ⅳ.①F713.36

中国国家版本馆CIP数据核字（2023）第109719号

责任编辑：李慧智	文案编辑：李慧智
责任校对：周瑞红	责任印制：施胜娟

出版发行 ／	北京理工大学出版社有限责任公司
社　　址 ／	北京市丰台区四合庄路6号
邮　　编 ／	100070
电　　话 ／	（010）68914026（教材售后服务热线）
	（010）68944437（课件资源服务热线）
网　　址 ／	http://www.bitpress.com.cn
版 印 次 ／	2023年6月第1版第1次印刷
印　　刷 ／	河北盛世彩捷印刷有限公司
开　　本 ／	787 mm×1092 mm　1/16
印　　张 ／	16
字　　数 ／	352千字
定　　价 ／	49.80元

图书出现印装质量问题，请拨打售后服务热线，负责调换

《互联网品牌营销》教材编委会

主　　编　郭在云　桂林斌　陈　强

参编人员　龙　勇　胡　春　彭泽赛　夏　琼

　　　　　　　王　威　柳　泪　张文伟　方蓉蓉

　　　　　　　余雪艳　叶红艳　关　雄　余俊明

前　言

党的二十大报告指出，要"统筹职业教育、高等教育、继续教育协同创新，推进职普融通、产教融合、科教融汇，优化职业教育类型定位"，守正创新，坚持"以产引教、以产定教、以产改教、以产促教"的发展模式，始终如一坚持产教融合发展方向。

近年来，"新基建"的推进正助力我国数字经济的蓬勃发展，而其中的新技术也正不断驱动营销立体化、智慧化，不断拉近品牌与用户之间的距离，助力品牌实现"人、货、场、内容"营销要素的精准匹配，全方位提升营销效率。一方面，品牌营销的立体化主要体现在场景、触点及洞察等方面。另一方面广告主通过5G、大数据、物联网及云计算等新技术，实现不同时间、不同场景多维渠道中实时数据的采集、处理及分析，从而快速感知并响应客户需求的变化。

而整合营销就是为了建立、维护和传播品牌，以及加强客户关系，而对品牌进行计划、实施和监督的一系列营销工作。这些独立的营销工作包括广告、直接营销、销售促进、人员推销、包装、事件、赞助和客户服务等。新型的电子商务人才也需要适应市场的发展，培养整合营销意识，提升品牌营销的实践能力。

本书分为三大部分：第一部分包含"项目一 互联网品牌营销概述""项目二 品牌营销流程设计"，主要讲整合营销基础，帮助学生对整合营销形成认知框架；第二部分包含"项目三 互动营销渠道建设与内容运营""项目四 事件营销渠道建设与内容运营""项目五 互联网口碑营销""项目六 互联网广告营销""项目七 搜索引擎营销"，主要讲营销渠道建设与内容运营，帮助学生学习基础的营销渠道和工具；第三部分包含"项目八 社群营销""项目九 O2O活动运营"，主要是整合营销实训环节，帮助学生进一步学习营销策略，形成执行框架与方案。

总体来说，本书具有以下特色：

1. 内容全面，结构清晰

本书从宏观角度出发，围绕支撑互联网品牌营销的各项内容进行介绍，促进学生了解网络营销行业发展的新动态，形成更宽广的视野。

2. 理论与实践相结合

本书每个项目都有理论知识和实践实训，理论知识以行业当下发展情况为背景，对标专业岗位知识需求的实际情况，内容与时俱进；实践实训以主流行业企业在实际中的工作流为依据，采用情景化的方式构建实训背景，从易到难递进设计实训任务，让学生在实际练习中能够融入实际场景，设身处地地思考与练习。

3. 创新模块设计，体例新颖

本书采用项目实训式结构，每项目开头的"项目介绍"板块概括了每个项目的重点内容，可以帮助学生快速找到学习的方向；"学习目标"板块可以引导学生了解本项目所需掌握的相关知识和操作技能，"学习计划表"引导学生做好学习计划。同时，书中灵活穿插了"学有所思""课堂讨论""素养提升"等栏目，用于解惑答疑、传授经验，提升学生的动手能力和自主学习能力，在课后设置了项目实训任务，引导学生做好知识巩固和实践拓展。

4. 图示直观，易于阅读

本书包含大量的理论知识，为了降低学习难度，引发学生的学习兴趣，我们对这些知识做了图示化处理，通过简洁、专业的流程图、示意图说明理论知识，并通过图片展示真实的案例场景和效果，使学生在阅读时更轻松明了。

5. 融入课程思政

融入课程思政，提升个人素养。本书每个项目都提炼了课程思政结合点，融入国家政策、先进技术、前沿知识、文化传承、职业道德、法律法规等元素。通过课程思政，提高学生的家国情怀、社会公德意识、法律意识、职业意识、责任担当意识，培养学生敢于担当、勇于奉献、诚实守信的良好品格，提升学生的职业道德和文化自信。

本书由郭在云、桂林斌、陈强主导大纲制定和审核工作，郭在云、王威、张文伟负责整合营销项目综合实训（"项目八 社群运营""项目九 O2O 活动运营"）的编写，桂林斌、胡春、龙勇、方蓉蓉负责"项目三 互动营销渠道建设与内容运营""项目四 事件营销渠道建设与内容运营"的编写，陈强、彭泽赛、柳汨、余雪艳、关雄负责"项目五 互联网口碑营销""项目六 互联网广告营销""项目七 搜索引擎营销"的编写，夏琼、余俊明、叶红艳负责"项目一 互联网品牌营销概述""项目二 品牌营销流程设计"的编写。在编写本书的过程中，编者参考了国内多位专家、学者的著作或译著，也参考了许多同行的相关教材和案例资料，在此对他们表示崇高的敬意和衷心的感谢！

虽然编者在编写本书的过程中倾注了大量心血，但恐百密之中仍有疏漏，恳请广大读者批评指正。

编写组

目 录

项目一 互联网品牌营销概述 (001)
 模块一 互联网品牌营销基础 (003)
 模块二 互联网品牌营销常见的平台、方法及策略 (007)

项目二 品牌营销流程设计 (023)
 模块一 互联网品牌营销矩阵 (025)
 模块二 互联网品牌营销流程设计 (029)

项目三 互动营销渠道建设与内容运营 (045)
 模块一 互动营销概述 (047)
 模块二 互动营销实施方案 (052)

项目四 事件营销渠道建设与内容运营 (069)
 模块一 事件营销的概念 (071)
 模块二 事件营销案例复盘 (074)
 模块三 事件营销策划及实施 (085)

项目五 互联网口碑营销 (095)
 模块一 互联网口碑营销概述 (097)
 模块二 互联网口碑营销策划与实施 (103)

项目六 互联网广告营销 (121)
 模块一 互联网广告营销概述 (123)
 模块二 互联网广告策划设计 (127)
 模块三 互联网广告管理 (131)

项目七 搜索引擎营销 (159)
 模块一 搜索引擎营销的概念 (161)
 模块二 搜索引擎营销策略 (165)

项目八 社群运营 (183)
 模块一 社群运营 (185)

模块二　社群运营案例分析 ………………………………………………（186）
模块三　案例核心材料 ……………………………………………………（196）
模块四　社群营销变现及渠道 ……………………………………………（205）

项目九　O2O 活动运营 …………………………………………………………（213）
模块一　O2O 活动运营 ……………………………………………………（215）
模块二　活动复盘：新世相"丢书大作战" ………………………………（217）
模块三　案例核心材料 ……………………………………………………（221）

参考文献 ……………………………………………………………………………（238）

项目一

互联网品牌营销概述

项目介绍

当代营销传播发展的两大发展趋势为整合和定向,它们在网络环境下被统一并推向极致。由于时代和技术的局限,传统的整合营销传播研究并不包括网络整合部分,但是今天营销传播面临的外部环境发生了很大的变化,在消费者日常信息获取模式中,网络扮演的角色和发挥的作用越来越重要,网络的参与解决了营销对定向、精准和互动的需要,企业只有依赖互联网络才能支撑和整合所有媒体的营销传播过程。互联网品牌营销就是要整合网络资源进行统筹营销,就是要基于对企业本身的品牌、产品、用户分析整合发声渠道,形成最具性价比的网络营销解决方案。它包括对市场的分析、产品的包装、媒介和渠道的选择等多种方法与策略的设计,通过精准详细的营销调查,结合品牌特性和网络营销特点,设计适合消费者的综合营销体系。

学习目标

知识目标

(1) 了解互联网品牌营销概念;
(2) 了解不同互联网品牌营销特征;
(3) 了解互联网品牌营销常见平台;
(4) 了解互联网品牌营销策略;
(5) 了解互联网品牌营销的方法。

能力目标

(1) 具有互联网品牌营销统筹能力;
(2) 具有互联网品牌营销设计能力;
(3) 具有互联网信息获取能力。

素质目标

(1) 培养学生的互联网整合意识;
(2) 培养学生的互联网创新精神;
(3) 培养学生的互联网信息获取能力;
(4) 培养学生的创新思维。

互联网品牌营销

◻ 知识结构

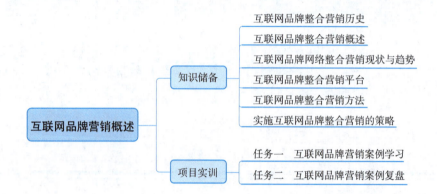

◻ 学习计划

	小节内容	互联网品牌营销基础	互联网品牌营销常见的平台、方法及策略
课前预习	预习时间		
	预习自评	难易程度　□易　□适中　□难 问题总结：	
课后巩固	复习时间		
	复习自评	难易程度　□易　□适中　□难 问题总结：	

> 知识储备

模块一　互联网品牌营销基础

网络的参与解决了营销对定向、精准和互动的需要。互联网在改变我们行为方式的同时，也给企业带来了机会。整合营销是一种双向、互动的信息传播媒体，代表未来营销传播的方向，具有个性化、人性化、公平性、社区性、媒体性等特点。在这一部分，我们将学习网络整合营销传播的理论基础，网络整合营销的概念、特点，了解网络整合营销的基础知识。

【案例】 网易云音乐"乐瓶"整合营销项目

1. 项目背景

网易云音乐与农夫山泉跨界营销，在2017年8月开始，推出网易云音乐"乐瓶"项目（其宣传内容见图1-1）。通过平台性合作打通线上下用户体验，通过双方平台实现共赢。

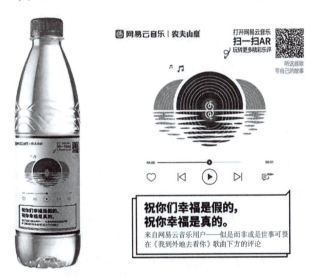

图1-1　"乐瓶"整合营销中的宣传内容

网易云音乐，是中国领先的线上音乐社交平台，拥有3亿用户及4亿条用户音乐评论；农夫山泉是中国领先的快消品牌，深入广泛的线下渠道及5亿瓶合作款就让这个合作充满了想象力。

2. 营销目标

（1）通过农夫山泉足够下沉的渠道，网易云音乐不断拓展用户接触面，中国三四线城市用户都可以方便快捷地体验音乐服务。

（2）农夫山泉通过网易云音乐触及更多的音乐深度用户，不断提升品牌知名度及垂直领域用户的好感度。

3. 执行的过程

（1）精选30段经典乐评印在农夫山泉的瓶子上，赋予农夫山泉不一样的饮水心情。

（2）通过AR技术打造全新瓶身，打开网易云音乐，选择AR扫描，扫描"乐瓶"瓶身，扫码成功后，手机界面将会让用户置身于沉浸式星空，点击星球会弹出随机乐评。

（3）通过品牌视频定调，随着"乐瓶"的推出，与之相应的一部走心广告影片也在互联网上传播（见图1-2）。

图1-2 "乐瓶"整合营销中的广告内容

（4）通过各种其他渠道，例如快乐男声现场互动预热、纪念水壶事件、线下校园乐评车装置、超市互动点唱机，实现全方位整合营销。

4. 营销效果与市场反馈

（1）视频网站播放量——全平台播放量超过700万次。

（2）事件媒体转发量超过1 500家媒体，曝光量突破200万。

（3）5亿瓶，超过70个城市覆盖。

【分析】

"乐瓶"的整合营销成功在哪里？

【参考答案】

"乐瓶"的成功在于合作双方对原有资源和渠道的完美再利用，实现了双方的共赢。传播的资源选择对于双方来说，都代表平台自身的品牌性格，在传播的内容上，网易云音乐平台以自身的用户原创内容（UGC），选择了新的传播渠道，挖掘出生活传播的新场景，以"人"为中心思考，找到与自己品牌结合的角度。在落地设计中，尝试引入AR技术，在传播的最终环节有效地激发了用户的兴趣，取得了巨大的传播体量。

一、互联网品牌整合营销历史

"整合营销"理论产生和流行于20世纪90年代，是由美国西北大学市场营销学教授唐·舒尔茨（Don Schultz）提出的。它是"根据企业的目标设计战略，并支配企业各种资源以达到战略目标"。简言之，就是从"以传者为中心"到"以受众为中心"的传播模式的战略转移。整合营销是对各种营销工具和手段的系统化结合，倡导更加明确的"消费者导向理念"。

"整合"就是把各个独立的营销综合成一个整体，以产生协同效应。这些独立的营销工作包括广告、直接营销、销售促进、人员推销、包装、事件、赞助和客户服务等，战略性地审视整合营销体系、行业、产品及客户，从而制定出符合企业实际情况的整合营销策略，包括旅游策划营销、事件营销等相关门类。

整合营销是以消费者为核心重组企业行为和市场行为，综合协调地使用各种形式的传播方式，以统一的目标和统一的传播形象，传递一致的产品信息，实现与消费者的双向沟通，迅速树立产品品牌在消费者心目中的地位，建立产品品牌与消费者长期密切的关系，更有效地达到广告传播和产品行销的目的。

整合营销所涉及的媒体类型较广，不仅包括电视、报纸、户外广告等传统媒体，还包括线上的互联网媒体营销渠道。

二、互联网品牌整合营销概述

1. 互联网品牌整合营销概念

互联网品牌整合营销，是基于互联网环境下的媒体整合渠道的方法。它是以互联网为载体，以符合网络传播的方法和理念来展开实施的营销活动，企业延伸品牌公信度与品牌影响力、增强经济效益的有效途径。精准、互动、需求导向和随时、随地、随意，正是网络媒体区别于传统媒体在信息传播中的最大特色。网络整合营销（Network Integrated Marketing，又叫 E-IMC）是指在深入研究互联网各种媒体资源（如门户网站、电子商务平台、行业网站、搜索引擎、分类信息平台、论坛社区、视频网站、虚拟社区等）的基础上，精确分析各种网络媒体资源的定位、用户行为和投入成本，根据企业的客观实际情况（如企业规模、发展战略、广告预算等）为企业提供最具性价比的一种或者多种个性化网络营销解决方案，也可以称为个性化网络营销。简单地说，就是整合各种网络营销方法，和客户的客观需求进行有效比配，给客户提供最佳的一种或者多种网络营销方法。

2. 互联网品牌整合营销特点

互联网品牌整合营销建立在信息网络（主要是互联网）之上，具有三个方面的含义：传播资讯的统一性，即企业用一个声音说话，消费者无论从哪种媒体所获得的信息都是统一的、一致的；互动性，即公司与消费者之间展开富有意义的交流，能够迅速、准确、个性化地获得信息和反馈信息；目标性，即企业的一切营销活动都应围绕企业目标来进行，实现全程营销。所以它也呈现出以下几点特性：

（1）个性化。个性化是以客户为中心的整合营销的必然要求，这是区别于传统营销的主要特征之一。整合营销推动了互动性持续增长的应用，这种互动越是个性化，其渗透力就越强。

（2）细分化。行业细分是市场发展的必然，每个行业的营销方式越来越细分，不同行业的专业营销公司不断出现，营销自身的市场越来越大、越来越专业，这也是市场规模化和个性化发展的结果。

（3）传染性。例如，在四川汶川地震中，中国互联网动用了几乎所有的力量，如广告位、专题专区、论坛、关键词、博客、视频、线上线下一体的赈灾活动，等等。互联网的每一个角落都演变成抗震救灾的前沿阵地。这种强有力的聚集整合，毕其功于一役，互联网瞬时迸发了最强大的力量，为抗震救灾做出了巨大贡献，这就是传染性发挥功效的最好佐证。

（4）互动性。网络的互动性，是让网络营销具有滚雪球效应的基础，从而使营销第一次具有无限放大的可能。

（5）重合性。就是在不同的媒介上以统一的形象或是在同一个媒介上以不同的形式出现。

（6）背书性。通过更有公信力的媒体来进行整合的宣传，以弥补网络的不足，达到最好的宣传效果。

三、互联网品牌网络整合营销现状与趋势

在网络时代日趋发展的今天，消费者越来越希望与品牌互动，因此营销人员也必须抓住消费者的注意力，努力识别消费者在购买过程中所处的不同位置和阶段，并传递相应的信息。

品牌与消费者之间的互动改变，意味着企业与消费者的沟通不再局限于少数的大众媒体，消费者每时每刻都在受到多渠道的信息影响，这意味着企业必须时刻关注消费者的价值取向或者说必须在能够深刻理解消费者价值取向的基础上，将价值观融入品牌，通过与消费者之间的互动、品牌传达的消息让消费者产生相应的价值取向心理体验，将品牌植入消费者脑海中，从而形成品牌体验，达到品牌营销、传播的目的。

目前，大多数企业都开始在互联网上尝试开展多渠道整合营销，但有许多企业对于整合营销传播理念还缺乏整体认识，认为整合营销仅仅是多媒体、多渠道的发声，将其与传统销售传播手段混为一谈，因而在实施过程中遇到重重阻碍。

综上所述，网络整合营销还处于发展的基础阶段，实施网络整合营销的意义在于以最小的投入获得较大的回报。从当前互联网企业开展整合营销的现状可以看出，较多的企业组织模式无法适应整合营销传播的发展理念，缺乏对市场的分析、客户资源的重视以及整合营销传播的渠道、推广手段等方法的实际应用，懂技术的不懂营销、懂营销的不懂技术，对整合营销的发展具有约束性。对此，企业应根据时代的发展，引入创新的传播理念，建立准确的营销策略，立足于对客户营销需求与受众关注热点的分析研究，重视客户信息，根据企业自身所需来选择合适的媒介及渠道，使网络整合营销的优势得到最大程度的发挥。

学有所思

根据你对互联网品牌整合营销的学习，想一想与传统营销方式相比互联网品牌整合营销的优势。

模块二　互联网品牌营销常见的平台、方法及策略

网络整合营销，是搜索引擎营销、移动通信传播（App、微信）、网媒营销（微博、论坛、问答、社会性网络服务）、软文营销（新闻稿、博客）、视频营销等传播方式使用不同策略及平台的相互组合。这些传播方式各有特点，对应不同的客户及产品性质，根据各自传播方式特性进行传播组合。企业营销的诉求、定位必须与后续的传播措施（服务）一致，如果整合的一致性做得很好，会使营销效果大大提升。在这一部分，我们将学习根据营销推广平台的特性，以及企业营销的需求定位，策划整合营销的推广策略。

【案例】　　　　比亚迪唐100是如何"被历史选中"的

1. 项目说明

2017年2月27日，比亚迪新能源旗舰SUV唐100在深圳湾体育中心"春茧"体育馆正式上市（其宣传现场见图1-3）。为了尽快打开市场，比亚迪开展了一场多维度的网络营销推广战役。

图1-3　"比亚迪唐100"整合营销中的宣传现场

2. 部分营销方式解析

（1）百度广告：比亚迪唐100在关键词搜索首页做了一系列竞价推广，包括专有广告位、软文发布、新闻发布等，作为搜索引擎端的入口与承接口。

（2）微信朋友圈：在2017年2月28日0点至3月1日24点，通过微信朋友圈投放了一条视频原生广告，主角是莱昂纳多，文案只有一句话："看到这条推送的人，你不是被大数据选中，而是被历史选中。"（见图1-4）通过"被历史选中"这

图1-4　比亚迪汽车广告

互联网品牌营销

样一本正经的台词,加上自带话题和表情包气质的莱昂纳多,让这条广告推送获得了超乎常规的关注。通过朋友圈广告的传播,点击互动率高出汽车行业平均值10倍,评论率更是高出行业平均值25倍。根据腾讯指数发布的舆情监测分析,这则广告上市后,声量迅速达到峰顶。而比亚迪品牌的整体声量也被广告带动到近期的最高点。

(3)微信大号软文:通过微信大号发布高质量软文。软文内容有漫画形式解读车身性能,有深度分析测评文,有试驾体验文等。选取的微信大号则为"爱车兵团""玩车姐""汽车行业关注""汽车葫芦圈""六百公里""新能源car"等专业大号。据数据分析,微信大号引发大量UGC创造,软文创造的比亚迪唐100曝光量在40万流量左右。

(4)新闻发稿:通过专家PGC(专业生产内容)发布新闻稿,内容一般为深度体验文、配置性能分析文、与竞争对手对比文等;发布渠道上,以地方新闻门户、行业门户网为主,如水母网、网上汽车、OFweek、晋城新闻网、四川在线、车讯网,等等。通过各方渠道产生的百度新闻页面比亚迪唐100相关新闻高达246 000篇。

(5)贴吧推广:内容发布在原有的"比亚迪唐"吧发布图文贴,帖子内容主要为试驾体验文、深度测评文和短新闻,形式上有漫画、动图、视频等。

网络推广期间,比亚迪唐100的百度指数有了较大的提升,在2017年2月28日,搜索指数达到了6 523。通过多维度的整合推广,比亚迪唐100的整体曝光量在2亿人次以上。

【分析】

比亚迪唐100的宣传实施了整合营销,那么具体是哪些平台及策略使其取得巨大传播体量的?

【参考答案】

比亚迪唐100通过多平台的推广方式吸引用户,全网造势获取了巨大流量,从流量中去转化。在流量的获取过程中,使用了搜索引擎平台、微信移动平台、朋友圈广告、媒体软文。在策略的选择上,通过事件营销方式,以内容为撬动点,结合PGC和UGC的内容及自传播完成整合营销,最终获得巨大的传播体量。

一、互联网品牌整合营销平台

1. 互联网品牌整合营销平台特征

互联网品牌整合营销平台是互联网信息发布展现渠道的总和。网络整合营销基于信息网络(主要是互联网)之上,互联网好比是一种"万能胶",将企业、团体、组织以及个人跨时空连接在一起,使他们之间信息的获取和交换变得"唾手可得"。在互联网中最重要也最本质的是组织和个人之间进行信息传播和交换。正因如此,互联网具有营销所要求的某些特性,使互联网营销平台呈现出以下特点:

(1)富媒体。互联网被设计成可以传输多种媒体的信息,如文字、声音、图像等信息,使其为达成交易进行的信息交换能以多种形式实现,可以充分发挥营销人员的创造性和能动性。

(2)交互式。互联网通过展示商品图像、商品信息资料库提供有关的查询,来实现供需互动与双向沟通,还可以进行产品测试与消费者满意调查等活动。互联网为产品联合设计、商品信息发布以及各项技术服务提供最佳工具。

(3)个性化。互联网上的促销是一对一的、理性的、消费者主导的、非强迫性的、循序渐进式的,而且是一种低成本与人性化的促销,避免了推销员强势推销的干扰,并通过信息提供与交互式交谈，与消费者建立长期良好的关系。

（4）高效性。计算机可储存大量的信息待消费者查询，可传送的信息数量与精确度远超其他媒体，并能根据市场需求及时更新产品或调整价格，因此能及时有效了解并满足消费者的需求。

（5）经济性。通过互联网进行信息交换，代替以前的实物交换，一方面可以减少印刷与邮递成本，可以无店面销售，免交租金，节约水电与人工成本；另一方面可以减少由于迂回多次交换带来的损耗。

在整合营销推广策略中，整合营销平台，并不是单一的，而是结合多平台及多种营销手段，在多个推广平台共同作用下的结果。图1-5为整合营销推广常见平台集合。

图1-5　整合营销推广常见平台集合

2. 常见的互联网品牌网络整合营销平台介绍

互联网品牌整合营销平台涵盖的范围主要包括：网页搜索、图片搜索、视频分享、B2B平台、B2C平台（自有和第三方）、门户媒体、分类信息平台、垂直行业论坛、博客推广、知名百科等。

（1）网页搜索（百度、360、搜狗、搜搜等）。根据行业、区域及产品特点整体规划关键词，在搜索引擎的结果页面取得较高的排名次序，增加企业网站在七大主流搜索引擎（百度、搜狗、搜搜、谷歌、360搜索、即刻、有道）的收录量和网页展示量，当客户在搜索引擎中查找相关产品或服务时，可以方便快速地找到企业信息。

（2）图片搜索（搜索引擎、商品图片）。针对特定关键词以图片的形式在搜索引擎推广，将商品的图片直观地推到用户眼前，以涵盖图片搜索用户，来提升品牌形象，提高企业信息展示量，给企业带来商业机会。

（3）社交网络（微博、微信、博客、论坛等）。随着5G的到来与智能设备的广泛应用，社交网络的发展引人注目。有一半以上的中国网民通过社交网络沟通交流、分享信息。社交网络已成为覆盖用户最广、传播影响最大、商业价值最高的Web2.0业务。随着社交网络用户的不断增加，投资者、广告商、程序开发商等利益相关者也越来越多，不仅构筑了一个庞大的网络社会，还为其带来无限商机。

（4）门户媒体（腾讯、新浪、网易等）。新闻营销是指企业在真实、不损害公众利益的前提下，利用具有新闻价值的事件，或者有计划地策划、组织各种形式的活动，借此制造"新闻热点"来吸引媒体和社会公众的注意与兴趣，以达到提高社会知名度、塑造企业良好形象并最终实现促进产品或服务销售的目的。

（5）信息平台（分类信息、黄页、百科、文库等）。随着互联网技术的进步，不同分类形式的信息网站已实现并存。这些信息平台包括各地的网络黄页，也包括在各大知名百科中创建的企业、品牌、产品、网站相关词条。企业通过这些信息平台既可以树立自己的公共形象，也可以增加信息传达到受众的机遇，提升知名度。

（6）视频平台（土豆、优酷、搜狐等）。视频是一种最直接有效的媒介，因为它所受的关注度比较高，加上声音和画面，都能给人直观而生动的感受。视频分享还具备互联网互动性，传播性极强。企业可制作产品或者相关服务信息视频，分享至各大视频网站。

（7）分享购物（美丽说、蘑菇街、花瓣网等）。分享购物网站有新兴网站Gaimai、爱图购、大树路、两点网、摩迹网、蘑菇街、臭美街、好友驻、闺蜜网、酷享网、月美岛、ZOYO时尚网、辣妈说、潮男说、看图秀以及专业的兴趣分享社区阿宝爱等。这些网站都提供了完善的购物分享功能。

（8）B2B平台（阿里巴巴、慧聪等）。全球B2B电子商务交易一直占据主导地位，从2002年至今，呈现持续高速发展态势。2007年中国的B2B电子商务交易额为12 500亿元；2010年B2B电子商务交易额达到了3.8万亿元，占电子商务交易总额的80%；2021年中国B2B电子商务交易规模达29.95万亿元，同比增长11.34%；2022年中国B2B电子商务交易规模达到33万亿元，未来将继续保持增长。

> **素养提升**
>
> **中国电商独领风骚**
>
> eMarketer数据显示，2021年全年全球电子商务市场总额达到4.89万亿美元。中国正在引领全球电商市场，2021年线上销售额将近2.8万亿美元，占据全球电商市场总额的半壁江山。而居于世界第二位的美国，2021年全年电商市场总额为8 430亿美元左右，不及中国的1/3。
>
> 此外，我国的数字消费者达到7.925亿，占全球总数的33.3%，位于世界之首。在零售方面，我国52.1%的零售交易额来自电商，中国也将成为历史上第一个线上零售额超过线下零售额的国家。
>
> >>>想一想：为什么中国能够超越美国成为全球最大的电子商务市场？
>
> _____
> _____

（9）B2C 平台（淘宝、拍拍、京东等）。我国电子商务行业发展迅猛，产业规模迅速扩大，电子商务信息、交易和技术等服务企业不断涌现。企业将文化与产品展现在销售平台，终端客户通过浏览页面、进行咨询下单。根据网购模式，B2C 可以分为综合平台商城、综合独立商城、网络品牌商城和连锁购销商城等，B2C 各模式的对比如表 1-1 所示。

表 1-1 B2C 各模式的对比

模式	代表平台	情况说明
综合平台商城	天猫	平台电商为主，不涉及具体的商品采购和配送服务，企业申请加入，支付技术服务费
综合独立商城	京东商城	自营电商为主，具有商城的独立经营权。能提供正规发票和售后服务，需要自行完成商品的采购、仓储、上架、发货和配送等工作
网络品牌商城	凡客诚品	拥有自身的商品品牌，但商品线较单一，是一种"轻资产、快公司"模式
连锁经销商城	苏宁易购	一种"实体+网销"的模式，依托于传统零售采购平台的供应链，以及和厂商良好的合作关系，具有较高的品牌信誉度与丰富的商品种类
品牌垂直电子商务商城	小米商城 华为商城	销售单品类、单品牌商品，需要商城具有强大的品牌影响力
平台型综合电子商务商城	京东商城 天猫	商品品类丰富，且每个品类下有很多品牌
平台型垂直电子商务商城	贝贝网	主打母婴类产品，品牌丰富，针对母婴类进行了细分，具有"小而精"的优点

> **知识牵引**
>
> C2M 和 C2B 相比较，C2M 的产品个性化和端到端销售更为深入、彻底。在产品个性化方面，C2B 时代的用户大多通过网络平台发起定制，而最后定制出来的产品能满足一个特定群体的需求，表现为微调后的批量化生产；而 C2M 的个性化是用户和厂家直接对接，用户通过互联网平台提交个性化产品需求，最终的产品依照用户的需求生产，有可能是仅有一件的"孤品"。在端到端销售方面，如果说 C2B 已经将销售环节减少至用户、电商平台、制造厂商，那么 C2M 则更彻底地建立了用户和制造厂商的直接连接。
>
> 我们可以把 C2B 看成 B2C 的反向过程，也可以看成对 B2C 的补充。阿里巴巴创始人马云在 2015 年德国汉诺威 IT 博览会上表示：未来的生意将会由 C2B 主导，而不是 B2C，是用户改变企业，而不是企业向用户（单向）出售（产品和服务）；制造商必须满足消费者的个性化需求，否则将很难得到发展。

（10）广告投放（网站、软件、电子杂志）。目前网络广告的市场正在以惊人的速度增长，网络广告发挥的效用显得越来越重要，以至于广告被认为会成为传统四大媒体（电视、广播、报纸、杂志）之后的第五大媒体。因而众多国际级的广告公司都成立了专门的"网络媒体分部"，以开拓网络广告的巨大市场。

（11）口碑营销（事件话题、广告口号、品牌故事）。口碑优化演绎了口碑营销与搜索引擎优化的完美结合，利用传播平台在搜索引擎的收录排名优势，进行热点关键词的排名优化，使口碑信息能在搜索关键词时在众多信息中脱颖而出，获得首页的良好排名，扩大分享平台口碑源。

（12）会员管理（客户分析、客户回访）。随着IT技术的发展，尤其是互联网的普及，会员制营销正在成为企业的必然选择，谁先建立会员制营销体系，谁将在激烈竞争中处于优势。

（13）即时通信（QQ、微信、飞信等）。中国几乎90%的网民都使用过QQ，QQ是一种聊天工具。QQ推广是成本最低、操作最简单的一种推广方法。

> **知识牵引**
>
> 即时通信（Instant Messaging，IM）是一个实时通信系统，允许两人或多人使用网络实时传递文字消息、文件，进行语音与视频交流。
>
> 个人版：YY语音、百度hi、QQ、阿里旺旺、钉钉、FastMsg、新浪UC、MSN、LAHOO（乐虎）、LASIN（乐信）、云对讲、蚁傲等。
>
> 企业即时通信：Microsoft Lync、信鸽、Active Messenger、网络飞鸽、Anychat、腾讯RTX、叮当旺业通、LiveUC、WiseUC、imo、汇讯、Simba、群英CC、蚁傲、中电智能即时通信软件等。

（14）网络炒作（推手策划、正负效应）。网络事件营销就是网络炒作。利用网络媒体，通过推手或者幕后人，发动网络写手对某个人物或者公司、机构进行两个方面的评论，一方面是正面效应，另一方面是负面效应，从而引起网友的关注，增加人气，当具有一定人气的时候，就可以对这个人或者公司、机构进行炒作。

> **素养提升**
>
> 随着互联网和电子商务行业的发展，网络营销以其低成本、无地域限制等特点，对传统行业产生极大的冲击，很多之前从事传统购物的企业也纷纷开启电子商务或通过互联网来宣传品牌，越来越倚重于电子商务和网络营销。
>
> >>>想一想：越来越多的企业发展电子商务和网络营销说明了什么？
> _____
> _____

二、互联网品牌整合营销方法

互联网品牌整合营销方法是企业根据自身所在的市场中所处地位的不同而采取的一些网络营销传播方式。常见的网络营销方法有以下几种：

1. 病毒营销

病毒营销是利用人的积极性和交往圈，让营销信息像病毒一样肆意传播和扩散，营销信息就能很快被数以万计地复制并传向数百万受众。它能像病毒一样深入人的大脑，快速传播，在短时间内将消息传向更多的受众。这种方法是常见的网络营销方法之一。

2. 事件营销

事件营销是指通过策划、组织和利用网络新闻、关注热点人物或事件，来吸引媒体、社会团体和消费者的眼球，从而提高企业和产品的知名度、认知感，进而树立品牌的良好形象，并促成产品或服务的营销手段和方法。

3. 口碑营销

口碑营销是指通过亲朋好友相互交流对产品信息和品牌进行传播。在今天这个信息爆炸、媒体泛滥的时代，人们对广告都有很强的免疫力，只有制造出新颖的口碑才能引起人们的关注和议论。口碑传播大都发生在亲朋好友这种关系较为密切的群体中，可信度高。

4. 饥饿营销

饥饿营销是利用供不应求的方式来进行营销。例如人们为了购买限量发售的手机不惜排队一晚上来获得资格。饥饿营销也就是用大量的广告信息来宣传，勾起消费者的购买欲，然后采取饥饿营销，让消费者苦苦等待，以进一步激起消费者的购买欲，为以后成交打下基础。在市场竞争不充分、消费者心态不够成熟、产品综合竞争力和不可替代性较强的情况下，"饥饿营销"才能较好地发挥作用，否则，就只能是一厢情愿。

5. 知识营销

知识营销是通过有效的知识传播方法和途径，将企业拥有的对消费者有价值的知识传递给用户，让他们逐渐对企业有所认知。这其实是教育培训行业最常用的方式，教育培训从业者会利用人们对知识的渴望来营销其课程。

6. 互动营销

互动营销中，互动的一方是消费者，另一方是企业。只有抓住双方的共同利益，找到一个巧妙的沟通时机和方法，才能将双方紧密结合起来。互动营销最重要的就是双方都采取一种共同的行为。互动营销可以给我们带来四大好处：促进消费者的重复购买、有效地支撑关联销售、建立长期的客户忠诚、能实现消费者利益的最大化。将互动营销作为企业的营销战略重要组成部分来考虑，将是未来许多企业发展的方向。

7. 情感营销

情感营销就是把消费者个人情感差异和需求作为企业品牌营销战略的情感营销核心，通过情感包装、情感促销、情感广告、情感口碑、情感设计、企业文化等策略来实现企业的经营目标。近年来，许多产品都打着"青春、梦想、逆袭"等口号，这就是利用情感营销的方式来获得消费者的共鸣。

8. 会员营销

会员营销是一种基于会员管理的营销方法，商家通过将普通顾客变为会员，分析会员的消费信息。会员营销通过会员积分、等级制度等多种管理办法，增加用户的黏性和活跃度，使用户生命周期持续延伸。

三、实施互联网品牌整合营销的策略

实施互联网品牌网络整合营销，需要在充分了解企业本身的优、劣势及目标客户信息的基础上进行。它是对各种营销工具和手段的系统化整合，是在满足客户需求的同时，最大程度地实现企业目标的双赢营销模式。

1. 互联网品牌整合营销策略的主要实施流程

（1）了解营销产品、品牌及行业现状。
（2）明确消费者需求，掌握消费者购买行为。
（3）掌握竞争对手网上产品与服务策略，对比自身网站，针对产品特性、品牌优势、产品工艺进行对比分析。
（4）调研分析竞争对手的网络整合营销推广效果，包含推广平台的选择，推广内容的制定，整合营销相关战略等。
（5）实施互联网品牌整合营销战略。

2. 实施互联网品牌整合营销需要解决的五个关键点

在实施网络整合营销策略之前，需要想清楚以下五个关键点：
（1）传播什么：营销定位、策划、诉求等问题。
（2）向谁传播：确定目标市场、客户群体以及如何精准传播、向谁传播等问题。
（3）如何传播：传播的方式、模式、创意与诉求结合的问题。
（4）用什么传播：使用什么媒体、工具、手段等才能有效实现上述目的等问题。
（5）如何整合：多种媒体、工具、诉求、方法、手段等传播的一致性和整合的规律性等问题。

需要注意的是，制定好整合营销策略后，策略并非一成不变。由于策略的实施通常情况下需要一段特定的时间。在此期间，企业可根据执行的过程数据分析，来修正策略和实施方案，综合协调使用各种形式的传播手段与渠道，以统一的目标和统一的传播形象，传递一致的品牌或产品信息，实现与消费者的双向沟通，迅速树立产品品牌在消费者心目中的地位，建立产品品牌与消费者长期密切的关系，更有效地达到广告传播和产品行销的目的。

互联网品牌整合营销是以消费者为中心的营销理念，是基于对品牌、产品、用户的了解，对营销渠道、营销方式定向、精准的营销方法。现今互联网上，微博、博客、微信、论坛、贴吧等各种营销平台都是企业关注的发声渠道，每一种营销渠道的出现必然带动行业小浪潮。整合营销正切合当下企业营销需求，可达到最佳营销效果，是领先的营销方式，未来也将主宰互联网营销。只有充分了解网络整合营销的定义才能实施整合营销活动。本章主要介绍了整合营销的概念、特点，整合营销的常见平台、方法及开展网络整合营销的流程及策略，再配合后期学习的网络整合营销推广内容，势必可以将网络整合营销做好。下一章，我们将基于案例来介绍网络整合营销活动。

 学有所思

根据你对互联网品牌整合营销平台的学习，想一想你购买的产品主要是受到哪些平台影响。

互联网品牌营销

自学检测

1. 单选题

(1) 互联网品牌整合营销特点不包含（　　）。
A. 物质性　　　　　　　　　　B. 互动性
C. 细分化　　　　　　　　　　D. 个性化

(2) 互联网品牌整合营销是从"以传者为中心"到"（　　）"的传播模式的战略转移。
A. 网络市场　　　　　　　　　B. 电子市场
C. 交易市场　　　　　　　　　D. 以受众为中心

(3) 互联网品牌整合营销平台的特征不包含（　　）。
A. 商家与消费者之间的服务关系　　B. 传播资讯的统一性
C. 互动性　　　　　　　　　　D. 目标性

2. 判断题

(1) 互联网品牌整合营销平台是互联网信息发布展现渠道的一部分。（　　）

(2) 互联网品牌整合营销方法是企业根据自身所在的市场中所处地位的不同而采取的全部网络营销传播方式。（　　）

(3) 实施互联网品牌网络整合营销，不需要在充分了解企业本身的优、劣势及目标客户的信息基础上进行。（　　）

(4) 实施互联网品牌网络整合营销是对各种营销工具和手段的系统化整合，是在满足客户需求的同时，最大程度地实现企业目标的双赢营销模式。（　　）

3. 简答题

(1) 互联网品牌整合营销的概念是什么？

(2) 互联网品牌整合营销平台包含哪些？每个平台的作用是什么？

(3) 互联网品牌整合营销的特点是什么？

答案

项目实训

任务一　互联网品牌营销案例学习

案例材料

为打造"秦岭最美是商洛"旅游品牌，商洛旅游开展了一系列节日活动，例如中国秦岭生态旅游节、商洛核桃节、商南旅游茶叶节、丹凤文化旅游节、柞水牛背梁杜鹃花节、洛南田园音乐节、天竺山登山节、漫川古镇旅游文化节等；并成功举办了"千万人游商洛""我为秦岭添点绿"大型植树游戏等特色活动。根据这一活动策划出一系列衍生产品，主要包括《秦岭最美的地方是商洛》《商洛蓝》《请到秦岭商洛来》《秦岭泉茗茶飘香》《金丝峡，我美丽的家》《等你在金丝峡》等旅游歌曲。

同时，商洛旅游联合在西安公交车体、候车厅、高速公路、LED显示屏等载体上刊发商洛旅游广告，并通过多家电视媒体、平面媒体、自媒体、网络达人等进行广泛传播报道。通过旅游资源深层次的开发、旅游市场的有效推广和旅游产业高效率的运营，商洛旅游用卓有成效的品牌营销策略在公众心中树立了"秦岭最美是商洛"的旅游品牌形象，创造了不可替代的知名度、美誉度、向往度，旅游业绩骄人。商洛已拥有一个5A级景区金丝峡，游客数量相比原来增长将近百倍，实现了"秦岭最美是商洛"旅游品牌的实现与落地。

学习指导

通过案例材料的介绍，学习如何策划网络营销事件，更加清楚地理解整合营销事件策划者对于整个营销推广事件的深层设计思考。

任务操作流程：

（1）根据资料进行项目定位的思考学习。

（2）学习营销活动设计的目的。

（3）学习营销产品的包装。

（4）学习营销渠道选择的方法。

小试身手

活动1. 学习项目定位：这一旅游项目实施营销的目的是什么？

> 这一项目是打造"秦岭最美是商洛"旅游品牌，对该旅游品牌进行形象塑造。它既要体现某种标志和特征，又要体现旅游者对旅游产品的直观感受。在这一项目中，打造旅游品牌，有力地增强了城市的核心竞争力和软实力，有利于后期由点及面地推动文旅产业，使城市发展开花结果。

互联网品牌营销

活动 2. 学习营销活动设计（见表 1-2）：根据营销目的去设计营销活动。

表 1-2　营销活动设计

序号	营销活动	内　　容
1	节日活动	中国秦岭生态旅游节、商洛核桃节、商南旅游茶叶节、丹凤文化旅游节、柞水牛背梁杜鹃花节、洛南田园音乐节、天竺山登山节、漫川古镇旅游文化节
2	特色活动	"千万人游商洛""我为秦岭添点绿"大型植树游戏等特色活动

活动 3. 学习产品的营销包装（见表 1-3）：从产品的特性及易于传播的角度来考虑为什么会选择这些推广内容。

表 1-3　产品的营销包装

营销包装	内容
歌曲包装	旅游产品是打造独具特色的旅游品牌内涵的方式，使其成为一种无处不在的介质。旅游与歌曲的联系可以使其与旅游城市产生较强的联想性，提升城市知名度，成为城市旅游形象品牌营销的一个思路或一条捷径。歌曲易于传播，传唱性广，更重要的是其媒介性强，适合于传统媒体播放，更易于进行互联网的数字化传播和推广

活动 4. 学习营销渠道的选择（见表 1-4）：从目标消费者的角度来考虑为什么会选择这些营销渠道。

表 1-4　营销渠道的选择

序号	营销渠道	内　　容
1	传统媒体	选择在西安公交车体、候车厅、高速公路、LED 显示屏、电视广告、平面媒体等载体上刊发商洛旅游广告，因为旅游针对的主要是外来客源，商务、休闲等客流通过传统媒体的宣传能够及时产生转化和尝试意愿，如果在该处设有专门的承接点，转化效果会更好
2	互联网媒体	互联网上选择的是通过自媒体、网络达人的发声、大 V 推荐、软文撰写，制造大量的新闻，引发关注并引起用户的兴趣，从而植入品牌形象

任务二　互联网品牌营销案例复盘

案例材料

2016 年夏天，可爱多推出了"爱来了，不要等"数字营销活动，打造了以数字为主导、移动端为首要的一系列互动体验。活动力邀人气青春偶像张艺兴和 SNH48 赵嘉敏，从爱意满满的产品包装设计到线下冰激凌自动贩卖机巡游，将这一深受"95 后"年轻群体喜爱的冰激凌品牌打造成夏日里的"表白神器"，在全国掀起一阵阵表白狂潮！

营销团队发现，相较于西方国家，中国的年轻人更羞于表达，在恋爱方面大多缺乏经验。懵懂的爱恋呼之欲出，想爱却开不了口，或者苦于不知如何表达。想要主动追求爱情的年轻群体也渴望通过创意新颖的表白方式向心仪的人表达小爱意。于是，营销团队以此作为核心创意，将爱的甜美与冰激凌巧妙联结，赋予可爱多"表白神器"的全新属性，让更多年轻人能够在享用可爱多的同时享受爱的甜蜜。

采用的营销方式有以下几种：

1. 数字情书 DIY

借助手机 H5 页面，用户可以选择缤纷的表白模板，轻松 DIY 专属的表白心意并通过微信或 QQ 发送给亲友爱侣。对方需在 520 秒内打开页面并做出回应，才能抓住没融化的甜蜜表白。

2. 缤纷表白模板

为了将线上的表白热度带到线下，安索帕与可爱多携手推出全国首款冰激凌自动贩卖机，在北上广等多个城市的约会热地展开巡游。不论是情侣还是亲友，只需通过贩卖机上的摄像头拍下亲密合影，输入专属的爱意宣言，可爱多贩卖机就能立刻打印出 DIY 包装贴纸，令可爱多变身独一无二的"表白神器"。

3. 可爱多贩卖机，轻松定制"表白神器"

为了引发更多年轻群体的关注，可爱多邀请了在"95 后"受众中拥有超强人气的青春偶像张艺兴和 SNH48 赵嘉敏为活动造势。两位代言人以浪漫造型亮相可爱多包装，成双搭配爱意满满，更为活动增添社交话题；由"艺嘉亲"主演的两支搞笑表白视频同步上线，在广受年轻受众喜爱的腾讯社交平台上掀起转发热潮。与此同时，消费者只需扫描可爱多包装上的二维码，就可在 QQ 表情商城中免费兑换赵嘉敏和张艺兴的可爱表情包，或参与互动猜拳小游戏。

活动自上线以来，已帮助品牌单月提高了 10.6% 的销售量。与此同时，活动在社交网络也引发了丰富的话题性，累计阅读数超过 3.4 亿；通过代言人的主推，更赢得 121 万多次转发。

曾经的可爱多用微电影表达出"这一刻，爱吧"的理念，呼吁年轻人及时表达爱，而随着移动端逐渐取代 PC 端成为年轻人的宇宙中心后，可爱多又及时调整方向策略，用一场多渠道的数字营销战再一次获得年轻人的大量关注。可爱多这种优质互动内容结合了恰到好处的与消费者沟通的方式，使夏日的营销收获颇丰，也使品牌想要传达的理念更加深入人心。

> **学习指导**

通过案例材料的介绍，复盘本案例中整个网络营销事件。通过复盘，学习网络整合营销从策划到实施过程中需思考的内容，掌握网络营销策划的流程，加深对整合营销手段、方法、渠道的认识。

任务操作流程：

（1）根据资料进行项目定位的思考。

（2）复盘营销活动的设计。

互联网品牌营销

（3）复盘营销产品的包装。
（4）复盘营销渠道的选择。

小试身手

活动 1. 复盘项目定位：这一项目的营销目的是什么？

活动 2. 复盘营销活动设计（见表 1-5）：根据营销目的开展营销活动设计。

表 1-5　营销活动设计

序号	营销活动	内容
1		
2		

活动 3. 复盘对产品的营销包装（见表 1-6）：从产品的特性以及易于传播的角度来考虑为什么会选择这些推广内容。

表 1-6　产品的营销包装

营销包装	内容

活动 4. 复盘营销渠道的选择（见表 1-7）：从目标消费者的角度来考虑为什么会选择这些营销渠道。

表 1-7　营销渠道的选择

序号	营销包装	内容
1		
2		

项目总结

学习收获

通过对本项目的学习,我的总结如下:

一、主要知识

1.
2.
3.
4.

二、主要技能

1.
2.
3.
4.

三、成果检验

1. 完成任务的意义有:
2. 学到的知识和技能有:
3. 自悟到的知识和技能有:

项目二

品牌营销流程设计

📖 项目介绍

本项目主要讲述互联网品牌营销流程的设计,在实施互联网品牌营销时首先要了解企业、品牌、产品的真实状况,根据营销目标提炼核心价值点,包装产品,使用合适的营销方式,选择正确和大量的媒介平台,进行整合与投放。通过整合营销方案的设计,搭配最优组合,以期获取最大的品牌影响力、流量与关注度。

📖 学习目标

知识目标

(1) 了解互联网品牌营销流程;
(2) 了解不同互联网营销渠道的作用;
(3) 了解互联网营销矩阵的设计;
(4) 了解选择营销推广平台的方法;
(5) 了解互联网营销架构的设计。

能力目标

(1) 掌握互联网营销渠道的选择方法;
(2) 掌握互联网营销矩阵的设计方法;
(3) 掌握互联网营销渠道的推广方法。

素质目标

(1) 培养学生的创新意识、创新思维;
(2) 培养学生善思考、勤动手的习惯;
(3) 培养学生的社会责任感及社会参与意识。

互联网品牌营销

▣ 知识结构

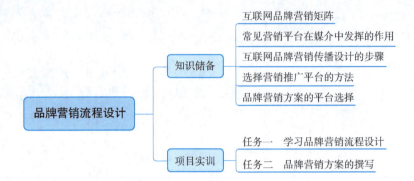

▣ 学习计划

小节内容		互联网品牌营销矩阵	互联网品牌营销流程设计
课前预习	预习时间		
	预习自评	难易程度　□易　□适中　□难 问题总结：	
课后巩固	复习时间		
	复习自评	难易程度　□易　□适中　□难 问题总结：	

> 知识储备

模块一　互联网品牌营销矩阵

营销矩阵就是渠道矩阵,当下实用的社会化媒体平台包括互联网的许多平台,通过一切可用的媒体来帮助品牌传播,减少广告投入,利用低成本获得高曝光和高转化。面对这些不同的渠道,企业品牌营销策略如何布局,如何利用这些平台开展品牌营销?

在这一部分,我们将学习互联网品牌营销不同渠道的特点,在理解品牌营销渠道的基础上,学习营销矩阵的布局设计。

【案例】　　　　母婴品牌子初　携手开心麻花玩出营销新高度

1. 项目背景

2018年年底,在春节到来之前,作为知名的母婴品牌子初,在上海搭建了一个仿照孕妈肚皮的剧院,携手开心麻花跨界打造爆笑喜剧《生儿不烦》(其宣传内容见图2-1)。意欲在即将到来的天猫欢聚日进行营销,同时深化子初"让母爱更科学"的品牌理念,打造一个"有温度、有情感"的母婴品牌。此次活动,子初对孕妈"生儿不烦"的理念深植准妈妈心中,以期与消费者共同推动中国健康母婴环境的到来。

图2-1　子初携手开心麻花品牌营销中的宣传内容

2. 执行的过程

(1) 跨界打造爆笑喜剧,引起孕妈共鸣。子初与开心麻花跨界联合,通过喜剧的形式,将孕妈的真实焦虑与表演内容融为一体,配合高度还原现实生活场景的3D沉浸式演出,令观众代入感倍增,既升级了观影体验,又强化了情感共鸣。加上"免费看剧""免费送大礼包""神州专车定点免费接/送"的亮点,大大提高了活动吸引力。

(2) 场景式互动,与产品有机结合。在剧院内,子初布置了四大场景专区:待产驿站、无忧产房、云端花园、育儿工坊,分别对应产前、产中、产后、育儿阶段。每个专区都设置了丁香妈妈贴心定制且针对孕妈普遍关注的痛点问题,通过游戏互动给出意见指导,并将子初的产品元素融入其中,实现专业解读与产品展览的有机结合。

(3) 联合大V造势,掀起话题热议高潮。活动期间,子初在微博发起"玩初新意,生儿不烦"话题,吸引众多妈咪评论,分享自己经历过的、正在经历的信息焦虑,掀起热议。同时,子初与开心麻花、聚划算等多个蓝V联动,助力话题扩散,为活动造势。

(4) 线上线下双引爆。首先,在线下快闪店现场,子初推出扫码花1元领取大额优惠券活动,引流到品牌线上店铺。其次,在微博开屏、朋友圈、母婴垂直网站妈妈网、抖音、小红书等多渠道投放广告,深化理念认同,提高活动曝光率,提高关注度,助力营销。

3. 营销效果与市场反馈

从跨界合作开心麻花到与蓝V联动,再到线上线下广告投放,子初通过多元传播,"玩初新意",将天猫欢聚日营销推向高潮,并且加深了用户对品牌的认知——子初"让母爱更科学"的品牌理念。

【分析】

此次品牌营销是否采用了多矩阵的营销思路?它具体是怎么做的?

【参考答案】

子初与开心麻花团队进行跨界营销,整合了双方原有的优势,在多平台上进行宣传,从线上到线下的广告投放,多元化传播结合多种不同营销渠道的推广,通过线上宣传、线下体验,线上的多媒体渠道发声,引发用户传播,创造话题,取得了良好的品牌形象。

一、互联网品牌营销矩阵

营销矩阵,是对营销推广平台及渠道的整合,通过对企业、品牌、产品的认知,合理地包装产品,对推广的媒介和渠道选择,搭建最佳组合,形成优质的营销矩阵,使营销效果最大化。

通常,我们将新媒体传播分为三大矩阵、四个维度(见图2-2)、五个步骤。

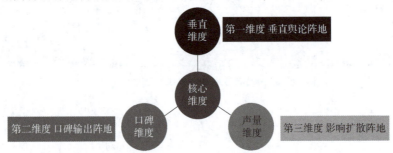

图2-2 品牌新媒体传播矩阵的四个维度

1. 核心维度

核心维度，是主要的占位阵地，即品牌自媒体矩阵。例如官网、官微、官方微信公众号等。在以官微为核心的品牌自媒体矩阵，所发布的信息基本都是自话自说，缺乏权威性，却是必不可少的发声基地。核心维度所表达的内容代表了企业、品牌或产品的核心形象。

2. 第一维度：垂直维度

垂直维度，是垂直舆论阵地，即我们所处细分领域的权威人士。以旅游领域为例，这里的垂直舆论阵地就是指旅游领域的媒体人。通过专业的角度来解读企业相关信息，垂直维度作为补充，找到垂直行业内的权威人士，他们可信度较高，具有权威性，可树立权威人士的支撑形象。

3. 第二维度：口碑维度

口碑维度，是口碑输出阵地。例如，知乎或者 36 氪、虎嗅等科技媒体的专业写手、作者们。通过他们既有信息的垂直度，又很专业、可信度高的口碑影响，来塑造积极向上、正能量、可靠的形象。

4. 第三维度：声量维度

声量维度，是影响扩散阵地。例如微博上的段子手、演员、明星等，利用他们进行扩散传播，以占据互联网更多的发声口。

这四个维度是协同作战、密不可分的，其协同作战策略模型如图 2-3 所示。

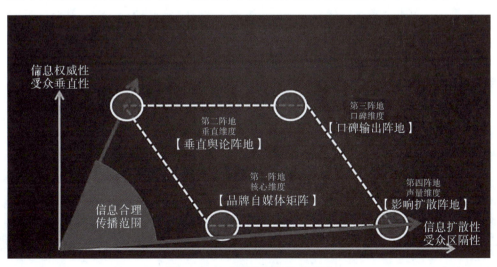

图 2-3 四大协同作战策略模型

综上所述，品牌营销信息传播的关键在于"卡位"，通过以上四个维度完成卡位，把内容框在一个合理的传播范围内，可以更好地把控传播广度和深度。

课堂讨论

>>>议一议：请举例说明不同维度的主要表现。
___
___

二、常见营销平台在媒介中发挥的作用

了解常见互联网营销平台的作用，有利于我们合理使用各种不同的组合来执行品牌营销方案，无论是哪一维度，其主要的品牌建设、产品宣传等信息的发声及推广都可通过以下各种不同渠道的组合来进行，下面对常见营销平台在媒介中发挥的作用进行简要说明：

知识牵引

互联网是指利用通信线路和通信设备，把分布在不同地理位置、具有独立功能的多台计算机系统、终端及其附属设备互相连接起来，以功能完善的网络软件（网络操作系统和网络通信协议等）实现资源共享和网络通信的计算机系统的集合。它是计算机技术和通信技术相结合的产物。

（1）微博，作为发声平台，肩负产品信息发布、"粉丝"互动、短期重点引爆、长期品牌运营等工作。

（2）微信，负责"粉丝"运营，肩负"粉丝"互动、产品信息、活动发布、长期"粉丝"运营和引导购买渠道等工作。

（3）贴吧，适合外围单点聚焦，引发深度讨论。

（4）空间，适合利用性价比产品引导用户理解品牌，形成产品的互动传播。

（5）头条新闻，适合领袖发声、权威解读、引导舆论。

（6）豆瓣，适合强化品牌形象，配合深耕阵地，形成口碑病毒传播。

（7）知乎，适合某个领域的深入探讨，形成软性推动口碑传播。

 学有所思

根据你对互联网营销矩阵的学习，想一想互联企业品牌营销推广的发展起到的作用。

模块二　互联网品牌营销流程设计

我们在先前的学习中了解到,品牌营销是使传播的品牌概念与消费者已有概念产生一定的关联,以加深消费者对该种概念的印象,并达到建立品牌网络和形成品牌联想的目的,减少消费者对产品购买决策的思考时间。因而,品牌营销是以由外而内的战略观点为基础,为了与用户进行有效沟通,以营销传播管理者为主体所展开的传播战略。这就意味着我们需要从企业、品牌、产品、用户的分析来拆解,在充分掌握信息的基础上,设定品牌营销设计方案。

这一部分我们将学习品牌营销流程的实施过程,包括对营销目的的分析与拆解、营销平台的选择与搭建、平台运营的规划等内容。

【案例】　　　　　　　　　"啤酒与尿布"的故事

这是发生于20世纪90年代的一个故事。在一家大型超市中,超市管理人员分析销售数据时发现了一个令人难以理解的现象:"啤酒"与"尿布"两件看上去毫无关系的商品会经常出现在同一个购物篮中。这种独特的销售现象引起了管理人员的注意,经过后续调查发现,这种现象出现在年轻的父亲身上。

在美国有婴儿的家庭中,一般是母亲在家中照看婴儿,年轻的父亲前去超市购买尿布。父亲在购买尿布的同时,往往会顺便为自己购买啤酒,这样就会出现啤酒与尿布这两件看上去不相干的商品经常会出现在同一个购物篮的现象。

如果这个年轻的父亲在卖场只能买到两件商品之一,则他很有可能会放弃购物而到另一家商店,直到可以一次同时买到啤酒与尿布为止。

超市发现了这一独特的现象,开始在卖场尝试将啤酒与尿布摆放在相同的区域,让年轻的父亲可以同时找到这两件商品,并很快地完成购物。

【分析】

"啤酒与尿布"的故事说明了什么道理?

【参考答案】

这个案例中,超市是通过分析购物篮中的商品集合数据,找出商品之间的关联关系,发现客户的购买行为,从而获得更多的商品销售收入。这个故事告诉我们在制定营销策略的时候一定要做充分的调研和分析。

一、互联网品牌营销传播设计的步骤

品牌营销在形成矩阵的设计思路之前,需要对媒体传播的内容进行设计,新媒体传播一般有以下五个步骤:

互联网品牌营销

1. 提炼产品卖点和品牌核心价值

通过核心的品牌或者产品卖点设计营销思路。任何一个产品或者品牌都应该有一个清晰而独特的销售主张，让消费者知道产品优势以及和竞品的区别。例如，美的空调，一晚一度电，是产品卖点的清晰提炼。要旅游，找途牛；订酒店，上携程，是结合场景的行动暗示，让消费者形成记忆亮点，对号入座。经常用脑常喝六个核桃，是场景化卖点的体现。

2. 将卖点创意表达

传播的卖点要形象而富有创意，在媒体信息量过剩的网络环境下，新奇而好玩的卖点将有助于营销传播更快、更广，取得更好的营销效果。

3. 引爆传播点

在合适的时间，选择好话题，进行引爆，例如与大V、名人挂钩，热点追踪，都是引爆传播的上佳选择。

4. 精准传播

在目标用户出没的媒体和渠道，以大V、名人效应在传播事件中提供背书和引爆点，通过优质杠杆撬动更多用户，有效的传播才是营销传播设计的关键所在。不同的阵地有不同的玩法，精准传播的设计者只有深谙不同阵地的玩法，才能有效地实施传播。

> **应用案例**
>
> 千人千面是淘宝在2013年提出的新的排名算法，依靠淘宝大数据及云计算能力，能从细分类目中抓取那些特征与买家兴趣点匹配的宝贝，展现在目标客户浏览的网页上，从而帮助卖家锁定真正的潜在买家，实现精准营销。
>
> 淘宝的千人千面智能推荐中的标签是通过用户在平台上购买过的产品、添加过的购物车产品、浏览收藏过的产品，根据用户的购物行为轨迹给每一个用户打上各种标签，然后通过标签来勾勒出每一个用户的画像，从中能够解读出用户的购物偏好；此外，不同商家产品的归类是根据其具有的特色，大体分为依据特色、色彩、原料、样式，不同的价格区间，产品的相关性，以及用户的购买反馈进行标签定义，最终通过用户标签和产品标签的匹配实现智能推荐。

5. 对接销售平台形成有效闭环

传播后考虑到用户的转化，应建立好能迅速转化的销售平台，销售平台可以是线上，也可以是线下。通过从流量入口到销售平台，形成有效的闭环，完成从传播到销售的整体转化。

需要注意的是，不同行业新媒体营销的比重是不一样的。快消品看重渠道力和品牌力，家具行业看重终端促销力，3C数码看重功能情感，然后和新媒体结合，用新媒体力量来提升和促进。抛弃层出不穷的概念和新媒体技术，所谓互联网整合传播是建立在对传统媒体和新媒体的实时透彻理解之上，是对品牌营销的全盘把控。无论玩法怎么变，营销的本质没有变，就是更快、更高效地占据更多的信息发声渠道。

二、选择营销推广平台的方法

营销推广信息的展现和占位方式已经成为每个企业的必争之地。它能快速占位，展现自己的信息，提高网站的曝光率和品牌美誉度。

1. 从搜索结果排名看用户需求

企业搜索所属行业的主关键词看排名在首页的网站，从排名靠前的网站可以看出用户喜欢什么类型的网站。假设搜索"阿胶"，如果在下拉框、相关搜索以及首页排名里面都看到阿胶吧关键词，说明用户有讨论需求，这样的行业更加适合论坛类型的网站。

如果搜索结果页面出现多个"百科"，说明用户有很多行业术语要了解，我们可以针对"行业术语百科"进行专业技术名词方面资讯的推广。三星的百度百科营销页面如图2-4所示。

图2-4 三星的百度百科营销页面

如果搜索结果页面出现百度图片或竞争对手网站以大量图片展示，说明用户更关注图片，那么我们应该更倾向于以图片进行产品或品牌的展示。三星的百度图片搜索广告位如图2-5所示。

如果搜索结果页出现多个"知道"，通常用户是有疑问，说明用户有问答需求，我们可以根据用户常见问题，设置"常见问答"栏目或在互联网上自问自答，引导用户进入网站。三星的知道搜索页面如图2-6所示。

如果搜索结果页面出现多个贴吧或竞争对手大多数以论坛形式展示，说明用户有讨论需求，我们应倾向于在贴吧或者论坛类型网站进行口碑推广等。三星的贴吧页面如图2-7所示。

互联网品牌营销

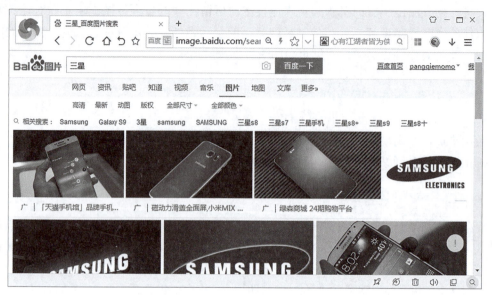

图 2-5　三星的百度图片搜索广告位

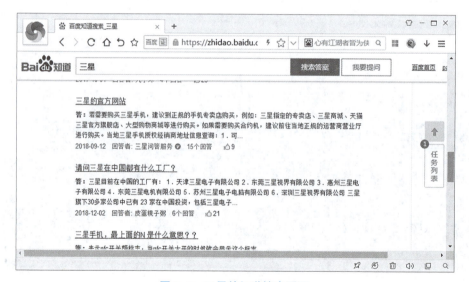

图 2-6　三星的知道搜索页面

2. 检验搜索平台质量标准

网络平台推广信息能带来这么好的效果，那么我们如何选择一个好平台，从哪些数据上去判断这个平台质量的好坏就显得尤为重要。我们可以从以下几个数据来进行分析和研究一个平台的质量好坏。

（1）平台的权重：网站的权重影响网站的收录和排名。具体可以参考谷歌 PR 和百度权重。

（2）平台的日收录量：一个推广平台的日收录量多少，决定了这个网站的收录效果如何。

（3）平台的流量：流量决定曝光率。

（4）平台能否带锚文本：网站外部链接分为三类：第一类是锚文本，提高关键词的排

图 2-7 三星的贴吧页面

名;第二类是文本 URL 链接,提高 URL 的权重;第三类是引导式的问答平台,只出现公司名称,不出现任何的网址和电话,提高网站品牌美誉度。"站长工具"检验搜索平台质量标准的平台如图 2-8 所示。

图 2-8 "站长工具"检验搜索平台质量标准的平台

(1)平台发帖排名效果。分析方向:以网站的流量里面的关键词指数和关键词的排名作为参考标准。

(2)平台的基础数据。域名年龄、收录、反链,等等。

(3)平台操作容易度。平台注册是否简单,是否需要资质认证,发布信息的步骤是否繁杂等。

除了分析搜索结果这一种方法以外,还有很多方法,例如,分析竞争对手开展的营销

互联网品牌营销

推广平台，根据产品特性与消费者市场分析，推断消费者喜好的平台等，都不失为好的平台确定方法。

素养提升

2021年6月10日，《中华人民共和国数据安全法》（以下简称《数据安全法》）正式颁布，并于2021年9月1日起正式实施。《数据安全法》(2021)与《中华人民共和国国家安全法》(2015)、《中华人民共和国网络安全法》(2017)、《网络安全审查办法》(2020)共同构成我国数据安全范畴下的法律框架。《数据安全法》作为我国第一部专门规定"数据"安全的法律，明确对"数据"的规制原则。

>>>议一议：国家为什么重视数据安全？数据安全对国家安全有何影响？

三、品牌营销方案的平台选择

品牌营销方案制定后，往往会通过深入研究互联网各类推广平台（如分类信息平台、论坛社区、视频网站、电子商务平台等），精确分析各种营销推广平台的定位、用户行为，结合独立的营销策略综合成一个整体推广策划方案。选择品牌营销推广的平台有以下几个步骤：

（1）确定营销推广平台。
（2）营销推广平台定位。
（3）推广平台营销策略制定。

依据方案的目的去选择营销方案的推广平台，根据营销方案中对平台的要求设计出营销平台矩阵，确定好每一个平台发挥的作用。我们可将每个推广平台作为一个单独的渠道来看，在每个渠道都可以尝试一种推广手段，从一个人的消费行为到慢慢感染周围其他人，形成小范围的消费高潮，从而无形中为产品创造更多的口碑，使企业获得短期的销售利益。更重要的是，经过多个渠道潜移默化地长期营销，能够在客户的心中形成一种品牌概念，强化客户对于产品性能、企业优势的认知，从而养成客户对产品和服务的忠诚度，为下一次营销积累大量目标用户。

 学有所思

根据你对互联网品牌营销流程的学习，想一想企业如何设计品牌营销流程。

自学检测

1. 单选题

（1）新媒体传播分为四个维度，不包含（　　）。
　A. 垂直维度　　　B. 口碑维度　　　C. 声量维度　　　D. 好评维度

（2）对营销推广平台及渠道的整合，需要通过对企业、（　　）、产品的认知来确定。
　A. 产品的价格　　B. 客户　　　　　C. 供应商　　　　D. 品牌

（3）垂直维度是通过（　　）的角度来解读企业相关信息，提高可信度，提高权威性，形成品牌支撑形象。
　A. 口碑　　　　　B. 价格　　　　　C. 实用性　　　　D. 专业

（4）任何一个产品或者品牌都应该有一个清晰而独特的销售主张，因为它（　　）。
　A. 用来喊口号　　B. 提高辨识度　　C. 具有实用性　　D. 方便宣传

2. 简答题

（1）为什么要通过矩阵去开展品牌营销？
（2）互联网品牌营销矩阵的组建依据是什么？
（3）如何设计互联网品牌营销传播策略？
（4）互联网品牌营销方案的主要内容有哪些，它有什么作用？

答案

互联网品牌营销

项目实训

任务一　学习品牌营销流程设计

案例材料

中国康辉旅行社的品牌营销流程设计

项目背景

中国康辉旅游集团有限公司创建于1984年，总部设在北京，是国家特许经营中国公民出境旅游、大陆居民赴台湾旅游的组团社，也是中国旅行社协会副会长单位。

历经30余年发展，康辉已成为全国大型骨干旅行社之一。康辉业务全面，覆盖出境游、入境游、国内游、赴台游、邮轮旅游、签证办理、机票代理、旅游定制、差旅服务、会展商务等业务，是中国综合旅游服务运营商之一，也是中国旅游用户最多的企业之一。

康辉旗下拥有300余家子、分公司，超过3 000家的门店遍布全国，年营业收入逾百亿元。康辉经过不断提升与发展，在消费者心目中树立了良好的品牌形象。

现如今，康辉在云南的业务也非常好，2023年云南文旅厅发文，进一步规范旅游市场秩序，提升旅游服务质量，树立云南旅游良好形象，康辉也准备结合文旅厅文件要求，提升自己的服务质量，树立自己的品牌。

关于资源市场，文旅部的政策导向主要集中于两点：一是"大力发展国内旅游市场"；二是"重点促进休闲游市场"。这一方面是为了适应旅游市场实际需求的扩大，另一方面更是为了配合"扩大内需""社会主义新农村建设"的发展战略需要。

从旅游市场发展趋势来看，旅行社面临的发展机遇主要有五个方面：

（1）政策支持旅游业做大做强。

（2）消费市场扩大带来新的商机。

（3）景区同质化使其对渠道依赖加深。

（4）国内旅游人数逐年上升，市场潜力巨大。

（5）旅行社可选择合作方式增多。

国务院在《关于加快发展旅游业的意见》中，放宽社会资本和各种所有制企业公平参与，并要积极引进外资旅游企业。自此，外资投资旅行社除了仍然不得经营出境旅游业务之外，已与国内旅行社无异，准入门槛的降低无疑会吸引更多外商投资。外资旅行社在产品和包装方面的优势、在资本与运作经验方面的优势，将使本土旅行社面临较大的冲击和经营压力，因此本土旅行社还需在品牌、管理及服务水准方面进一步努力，整合上下游资源、深耕本土特色产品，扩大市场营销力度，否则不是退出市场，就是成为别人的"零售商"。

这是一个品牌竞争的时代，品牌对企业而言是最大的竞争力。康辉旅行社当下应尽快梳理自身品牌，而品牌建设的首要任务是科学提炼品牌概念，品牌概念提炼精准与否直接决定着品牌建设的成败。通过市场和行业的分析，康辉旅行社初步提炼出该品牌的概念。

品牌推广的两个重要任务：一是树立良好的企业和产品形象，提高品牌知名度、信誉度和特色度；二是最终要将有相应品牌名称的产品销售出去，建议品牌策划人员将品牌的发展流程化，符合品牌成长周期的规划。

品牌推广可选择线上与线下双渠道进行，科学的媒体投放计划可集中企业资源对细分市场和目标消费群体进行精准传播，能有效减少企业资源和成本的浪费，促进产品的销售。

【问题】

针对康辉旅行社目前所面临的实际问题进行分析，该旅行社开展互联网品牌营销的流程是什么？

学习指导

通过案例材料的介绍，学习品牌营销流程设计是如何根据康辉旅行社目前所面临的实际问题进行信息的整理与思考的。这一部分有助于学习者养成流程化思维、精细化思维，可以结构化地去理解品牌营销设计流程中关于战略思路的部分。该部分的学习过程由策划者进行部分设计，学习者可根据自己的考虑进行补充。

任务操作流程：

（1）营销方案的目标分析与路径拆解。

（2）根据目的选择平台与渠道。

（3）营销平台的选择与搭建设计。

（4）平台运营规划。

小试身手

活动1. 目标分析与路径拆解（见表2-1）：根据资料的内容分析实施这一品牌营销方案的目的是什么，应该通过哪些步骤来达到这一目标。

表2-1 品牌营销目标分析与路径拆解

序号	目标	实施该目标的路径
1	例：品牌知名度提升	（1）互联网广告宣传； （2）线下终端的落地，康辉旅行社的产品宣传页铺满其母品牌的终端； （3）与其他旅行社进行联合，拜访后进行客源共享，即其他线路客源转介绍，武汉本土路线承接； （4）承办或者开发一系列以武汉为主要承办点的活动，加强武汉文化与"康辉"品牌之间的联系，加深品牌联系，提升品牌识别度； （5）关键意见领袖（KOL）及大V、网络红人的推荐，考虑可以将产品线路带进去，以产品带动品牌，实施流量的转化
2		

活动2. 选择平台与渠道：根据营销推广的路径选择推广的平台及推广的渠道，如表2-2所示。

互联网品牌营销

表 2-2　对营销推广平台的思考

序号	推广方式	思考	平台选择
1	互联网广告宣传	（1）在各大市内论坛和网站上做网络广告，旨在提升品牌知名度，此部分需要有营销平台进行依托推广，需要建立自己的官方网站（利于PC端用户）和微信公众号（利于移动端客户）； （2）对开展的旅游线路进行宣传，吸引目标消费者，需要寻找到消费者，在目标消费者出现的互联网平台上寻找广告机会	（1）官网； （2）微信公众号； （3）武汉各论坛、各旅行网站、门户网站贴片做广告
2	线下终端落地	产品宣传册及单页通过母公司品牌铺到终端渠道，使目标消费者接触，此处应该设计部分线下的拉新活动，由于这部分属于线下市场营销部分，我们仅作为思考，不作为具体品牌营销方案中的实施内容	
3	产品互联网宣传	通过意见领袖、大V、网络红人的推荐等，将好的产品落地。在实施活动中需要有对于活动和产品的详细信息，并能在相应的渠道上做好官方发布、预热、引导、承接、活跃气氛等相关工作，能够以自宣传与他宣传互动的方式，共同做好活动宣传与流量转化	（1）微博； （2）博客； （3）自媒体（文字、视频）
4	活动承办与发声	策划一系列文化与旅游相结合的活动，在官媒及用户流量较大的平台发声，通过吸引、转发、分享、裂变的方式拉新，达到品牌宣传的目的	（1）官网； （2）微信公众平台； （3）互联网新闻媒体； （4）微博等
5			

活动3. 营销平台的选择与搭建设计：根据营销平台的选择，考虑好每一个平台搭建的需要点，对平台推广的内容进行简要的设计，如表2-3所示。

表 2-3　平台的选择与搭建设计

序号	平台	重要性	平台的定位
1	官网	高	（1）官网作为营销的主体，承接品牌营销的流量； （2）品牌、公司、产品的官方发声口； （3）用以开展搜索引擎营销的主体
2	微信公众平台	高	（1）基于微信的众多用户，进行点对点、形式多样的营销； （2）为后期开放微营销进行准备； （3）接受新"粉丝"、维系老客户，降低客户服务成本、提高目标客户忠诚度

续表

序号	平台	重要性	平台的定位
3	微博	高	（1）以最接近目标客户的官方声音出现； （2）创建互联网用户的互动，收集意见并改进或创造适合互联网用户的武汉旅游产品； （3）能够将公司信息和产品第一时间传递给用户； （4）维护并挖掘目标消费人群； （5）品牌的持续曝光
4	自媒体	中	（1）以文字、影音方式宣传公司及产品； （2）创造武汉旅游产品的大 IP 热； （3）通过持续不断的内容输出打造武汉的旅游形象； （4）为远期规划的事件营销做准备
5	博客	中	（1）加强搜索引擎排名，作为收录提升权重的方式； （2）增进相互交流，开展产品体验并鼓励用户生产游记用以吸引更多目标用户参与活动； （3）利用博客自来流量与微博的持续曝光、引流，承接流量，作为与官网同步的信息发声平台，对公司、品牌与产品进行细致的介绍
6	各大论坛	中	仅作为推广手段，对产品、活动信息做介绍
7			

活动 4. 平台运营规划：根据平台的搭建与设计内容，结合各平台的特性，做好平台的运营规划，如表 2-4 所示。

表 2-4　平台的运营规划

序号	平台	运营规划
1	官网	（1）网站品牌、公司、产品信息介绍； （2）根据核心关键词"武汉旅游"做好长尾关键词的序列扩展，并根据关键词做好网站内文章的更新，文章可以界定为与旅游、行业、公司、品牌相关的原创内容，每周定为 2~3 篇，帮助搜索引擎收录； （3）做好以"康辉""武汉旅游""湖北旅游"等关键词为核心的搜索引擎广告竞价
2	微信公众平台	（1）建立公众平台，由于旅游产品需要进行衔接，"服务号"与"订阅号"均可，后期再考虑嫁接第三方平台或微商城平台； （2）微信公众号的运作分为三部分、拉新、分裂、维护。"拉新"阶段通过活动或者红包迅速做大"粉丝"量，从"粉丝"中筛选出适宜的用户进行分裂，根据公司的产品不断执行拉新的分裂操作。做好客户的关系维护，并在后期通过活动或者优惠进行"粉丝"转化

续表

序号	平台	运营规划
3	微博	（1）定位：做"武汉本土旅游"的内容垂直领域； （2）事务目标：每天10~20个小微博，内容与武汉旅游相关均可； （3）增加微博"粉丝"数量，通过同行的大V寻找潜在客户； （4）"粉丝"量增大后，从官方微博引流到微信； （5）维护好"粉丝"，并与"粉丝"互动，打造有性格、有个性的微博账号形象； （6）可考虑微博阵群（运营团队人员或工作量满足的情况下开展）
4	自媒体	（1）设计好媒体矩阵，前期可在多个自媒体平台以文字、影音方式宣传公司及产品，优先考虑百家号和企鹅号，一个利于收录，一个自带社交流量属性； （2）抖音账号，拍摄日更； （3）积累"粉丝"，后期做运营； （4）在资金充足情况下，可在产品宣传期间寻找大V进行付费宣传
5	博客	（1）按关键字、关键词做好每周的更新，每周2~3篇原创或伪原创均可； （2）官网同步更新
6	各大论坛	仅作为推广手段，对产品、活动信息做介绍
7		

任务二　品牌营销方案的撰写

学习指导

通过任务一对案例的分析，我们学习了品牌营销的流程设计方法。实际工作中，开展品牌营销需要制订一份完整的计划，这就是品牌营销方案。它是在我们思考整个流程后，结合营销方法、互联网应用原则、平台属性、市场、用户等因素，规划出的符合全网营销规则的策略和计划，用以指导整个营销过程的实施。品牌营销方案的撰写过程，是将思考的内容流程化，再次梳理的过程。能顺利撰写品牌营销方案，表明对于产品的整个营销过程都了然于心。

任务操作流程：

（1）认识品牌营销方案纲要。

（2）根据方案模板结合对品牌营销方案的思考来填写内容。

小试身手

活动1. 认识品牌营销方案纲要（见表2-5）：了解品牌营销方案中所要包含的内容。

表2-5　品牌营销方案纲要

一、项目概述 1. 项目情况说明 ● 产品定位 ● 项目定位

续表

• SWOT 分析
• 用户分析与需求定位
2. 项目调研实施
• 营销产品、品牌、竞争对手分析
• 网上消费者行为分析
• 竞争对手在线上、线下推广的策略及效果分析
二、品牌营销的目标和思路
1. 品牌营销目标及路径拆解
2. 营销推广平台的选择
3. 平台的选择与搭建设计
4. 各平台的运营规划
三、人员计划与分配
四、财务预算
五、其他

活动 2. 品牌营销方案撰写：根据方案纲要填充内容，如表 2-6 所示。

表 2-6　营销方案

_____品牌营销方案

一、项目概述

1. 项目情况说明

_____

_____

2. 项目调研实施

_____

二、品牌营销的目标和思路

1. 品牌营销目标及路径拆解

序号	目录	实施该目标的路径

2. 营销推广平台的选择

序号	推广方式	思考	平台选择

续表

3. 平台的选择与搭建设计

序号	平台	重要性	平台的定位

4. 各平台的运营规划

序号	平台	运营规划

三、人员计划与分配

四、财务预算

五、其他

项目总结

 学习收获

通过对本项目的学习,我的总结如下:

一、主要知识

1.
2.
3.
4.

二、主要技能

1.
2.
3.
4.

三、成果检验

1. 完成任务的意义有:
2. 学到的知识和技能有:
3. 自悟到的知识和技能有:

项目三

互动营销渠道建设与内容运营

📖 项目介绍

现今,互动营销在人们的生活中随处可见。在大型商场,我们可以见到许多食品饮料都有试吃的环节,通过品尝来判断是不是符合口味,这类感受的权益点十分吸引客户,也很有感染力,而客户的表现也更为真实、及时。

线上用户使用搜索引擎,通过检索的标准就能出现相对应的广告宣传,企业在门户网、新浪微博、手机微信等各种互联网媒体服务平台上随时随地与消费者开展的沟通交流,等等,都推动互动营销逐渐成为企业更青睐的网络营销方式。

本项目主要讲述互动营销的概念、特点及作用,再对互动营销实施方案展开详细介绍,帮助大家掌握互动营销方案撰写的技巧、互动营销活动形式及方式,从而具备互动营销活动策划能力。

📖 学习目标

知识目标

(1) 掌握互动营销的概念;
(2) 掌握互动营销的特点;
(3) 掌握互动营销的作用;
(4) 掌握互动营销策划案撰写流程;
(5) 熟知互动营销宣传渠道。

能力目标

(1) 具备互动营销活动策划能力;
(2) 能够完成互动营销方案的撰写;
(3) 具备用户分析能力;
(4) 具备互动营销活动组织能力;
(5) 具备互动营销活动方式开发能力。

素质目标

(1) 培养学生的创新意识、创新思维;
(2) 培养学生的团队合作精神及协作能力;

互联网品牌营销

（3）培养学生善思考、勤动手的习惯；

（4）培养学生的沟通表达能力；

（5）培养学生的社会责任感及社会参与意识。

知识结构

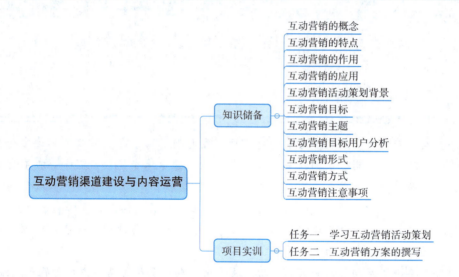

学习计划

小节内容		互动营销概述	互动营销实施方案
课前预习	预习时间		
	预习自评	难易程度　□易　□适中　□难 问题总结：	
课后巩固	复习时间		
	复习自评	难易程度　□易　□适中　□难 问题总结：	

项目三 互动营销渠道建设与内容运营

◪ 知识储备

模块一 互动营销概述

该怎么理解互动营销在企业推广过程中的概念呢？其实它是指企业在进行市场营销期间充分听取消费者的意见反馈，将有效信息用于产品未来的市场规划和设计中，为企业的市场运作服务。企业盈利的根本就是要持续地生产消费者需求的产品，而只有当企业与客户进行充分的沟通了解之后，才会有真正适合市场消费的产品产出。只有抓住共同利益点，找到巧妙的沟通时机和方法才能将双方紧密地结合起来。互动营销尤其强调，双方都采取一种共同的行为，达到互助推广、营销的效果。

现今，互动营销在人们的生活中随处可见。在大型商场，我们可以见到许多食品饮料都有试吃的环节，通过品尝来判断是不是符合口味，这类感受的权益点十分吸引客户，也很有感染力，而客户的表现也更为真实、及时。在许多的线下推广中，这样的商品感受活动也习以为常。

在这一部分，我们将学习互动营销的概念及特点，全面了解什么是互动营销。

【案例】　　　　支付宝"锦鲤营销"重新定义了网络营销新玩法

1. 项目背景

为了迎接 7 天长假，支付宝在 9 月 29 日发起了一个抽奖活动，要抽取一位幸运儿，送上超级大礼包。锦鲤营销事件宣传海报如图 3-1 所示。

图 3-1　锦鲤营销事件宣传海报

而区别于以往的营销事件，此次活动事先竟没有预热，9 月 29 日支付宝微博发布活动通知前，没有在其他任何线上或线下渠道发布消息，是一次真正意义上的"冷启动"，却在最短的时间内引爆了微博，转发评论点赞热度直线上升，直到 10 月 7 日上午 10 点，支付宝公布中奖人信息，活动进入高潮，微博热搜榜持续霸屏，评论区热闹非凡，而那位幸运的"中国锦鲤"信小呆,也从一个普通用户一跃成为"粉丝"达100多万的微博认证用户,成为全天下都羡慕的那个人。

整个国庆期间,全民的共同话题就是支付宝锦鲤,随着奖品的逐渐到货和兑现,本次事件热度才渐渐退去,支付宝及参与该活动的企业家都得到了充分的曝光,至于转化率,无法得到确切的数据,但至少从信小呆的"粉丝"增长数,我们不难看出效果还是相当不错的。

回过头来看,这次成功的微博营销事件真的那么简单吗?是否真的是像我们理解的"冷启动"?

2. 执行的过程

(1) 利用人性贪婪,抛出奖品。人有贪婪之心,以利诱之,无论什么抽奖活动,每每都能刺激传播,支付宝就是抓住人的贪婪之心,用有绝对诱惑力的奖品来诱导用户转发微博,达到快速传播的目的。

(2) 抓住好奇心理,巧设诱饵。奖品并没有直接在抽奖规则中写出来,而是一句话"请看评论区",利用人的好奇心,想要一探究竟的心理,将用户的视线和注意力引到评论区,在评论区查看参与本次活动的商家提供的各式各样的奖品,并参与评论,提高话题和微博的活跃度。

(3) 借力企业蓝V,迅速引爆。微博有一种叫"企业蓝V"的东西,用来进行机构认证,区分企业官方权威身份。一旦有热点事件,总少不了这些蓝V转发造势的影子。支付宝的这次锦鲤营销中,不少蓝V又在第一时间"集体"蹿了出来,其实是支付宝暗中联合了企业蓝V一起来搞事情。抓住蓝V都想要在更多用户面前露面,想要获得更多曝光的心理,引导蓝V迅速参与互动转发,引爆话题。

(4) 紧跟网络热点,蹭热度。在支付宝锦鲤营销之前,网络上最有名的锦鲤本鲤当属杨超越,在杨超越的大流量带动下,锦鲤已经被广大网民熟知,支付宝可谓蹭了热度。

(5) 祈福转运锦鲤情结。锦鲤在中国传统故事中,一直都与"转运""好运"等词语紧密联系在一起,锦鲤跃龙门的故事人们从小就知道了,转发锦鲤便能获得好运的思想已经根深蒂固,哪怕平日里没有任何福利奖励的"锦鲤",网民们都转发得不亦乐乎,更何况支付宝的这次营销,中奖的"中国锦鲤",背后还有丰厚大礼。

【分析】
"锦鲤事件"在互动营销中成功的原因是什么?

【参考答案】
(1) 奖品海报的跟进发布。

在活动通知微博发布一个小时之后,已经累积了数万用户,奖品清单的海报就出现在了留言区,大家的兴趣主要集中在这是一个怎样的活动,并且正在讨论哪些品牌和商家来凑热闹,谁家给得多,谁家给得少。而这时候放出让人眼花缭乱的海报,很大概率会超出已有用户的心理预期,甚至是远超预期,正是这种"哇"的惊叹感,会有效撬动早期参与者的参与热情。而他们的转发会带来更多的用户,从而让传播进入一个正向的循环中。

(2) "锦鲤"的概念自带传播性。

这次信小呆"中国锦鲤"的称号可不是网友给起的,而是支付宝在开始发布活动时就使用的。正如人们看到的，此次活动微博文案的第一句便是：祝你成为"中国锦鲤"。选中了"中国锦鲤"这个概念，就仿佛是选中了一个极佳的广告词，用户见到文案之后，可以直接参与、转发，不需要再转述或是发明新的概念，这相当于将传播的阻力降到了最低。

一、互动营销的概念

互动营销是以互动事件吸引消费者的注意力，强调与消费者的交流和互动，注重消费者与商家直接对话，让消费者更深入地了解产品的特点和性能，同时也促进商家更多地了解客户的需求，实现信息在商家与客户之间的双向流动。

完整的互动营销需要具备以下几个组成部分：

1. 目标客户的精准定位

能够有效地通过客户信息的分析，根据客户的消费需求与消费倾向，应用客户分群与客户分析技术，识别业务营销的目标客户，并且能够为客户匹配适合的产品提供支撑。

2. 完备的客户信息数据

在强大数据库的基础上能够将与客户接触的历史信息进行有效整合，并且基于客户反馈与客户接触的特征，为完善客户接触记录提供建议，从而为新产品开发和新产品营销提供准确的信息。

3. 促进客户的重复购买

通过客户的消费行为，结合预测模型技术，有效地识别出潜在的营销机会，为促进客户重复购买的营销业务推广提供有价值的建议。

4. 有效地支撑关联销售

通过客户消费特征分析与消费倾向分析、产品组合分析，有效地为进行关联产品销售和客户价值提升提供主动营销建议。

5. 建立长期的客户忠诚

结合客户价值管理，整合客户接触策略与计划，为建立长期的客户忠诚提供信息支撑，维系营销活动的执行与管理。

6. 能实现客户利益的最大化

实现客户利益最大化，需要稳定、可靠、性价比高的产品，便捷快速的物流系统支持，长期稳定的服务，实现对客户心灵的感化和关怀。客户权益的最大化是互动营销设计的核心理念，欺骗、虚假等手段只能使企业的互动营销走向灭亡。

综上所述，互动营销的目的是更好地满足客户的个性化需求、为客户提供个性化服务，同时，树立起企业产品和服务在客户心目中的良好形象，强化客户的品牌意识，为企业培养和建立稳定的忠实客户群，从而达到一对一传播沟通的终极目标，即由企业与消费者之间的沟通转化为消费者之间的沟通，从而实现消费者的口碑传播和无限客户增殖；"一传十，十传百"形成裂变式客户增殖效果，使企业低成本扩张成为可能。

> **课堂讨论**
>
> \>>>议一议：请举例说明生活中接触的互动营销模式。
> _____
> _____

二、互动营销的特点

互动营销的特点如图3-2所示。

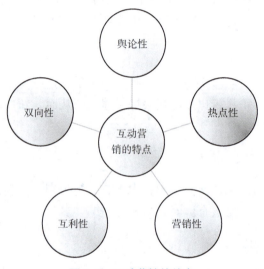

图3-2 互动营销的特点

双向性，所谓的互动，就是企业和消费者双方互相动起来，注重信息在企业与客户之间的双向流动，双方可以通过文字、会话、小游戏、签到任务、抽奖盲盒等多种形式建立联系，进行交流，而不再是之前的单方面产品告知。

舆论性，互动营销主要是通过网民之间的互动活动，间接或直接对某个产品产生了正面的或者负面的评价。但其中舆论领袖也在彰显其重要地位。主持人杜海涛曾说："我们微博转什么产品，什么产品就卖到脱销。"这正说明了名人效应对消费者的影响力十分强大，同时也表明在市场竞争日益激烈的情况下，舆论领袖对企业的品牌口碑作用依然不可小觑。

互利性，互动营销是一个促进关注客户利益的营销战略的便利工具，营销者需要尽力在企业市场目标和客户购物需求与偏好之间取得一个平衡，需要对营销者和客户都提供多样的利益。

热点性，互动营销有两种事件模式：一种是借助热点事件来炒作，另一种是自己制造事件来炒作。因为网络营销公司要想把事件炒作好，引起网民的关注，那么无疑需要抓住网民内心的需求，也就是网民上网喜欢做的事情，或者他们对什么事情比较感兴趣。

营销性，互动营销作为营销手段，一般都是为了达到某种营销目的而进行的事件炒作和互动，必然拥有强营销属性。通过吸引眼球的设计与创意，结合营销互动玩法，例如抽奖、打卡，引导消费者强参与互动。

三、互动营销的作用

1. 帮助企业实现口碑传播

互动营销的实施大多是借助微信等社交软件，进行一对一的高效沟通，同时活动的举办也会借鉴传统的地推路演、促销打折、商场会演等互动活动形式进行微信推广，从而发展出更多灵活有趣的互动交流模式。通过这种集体感强的互动活动，将企业与消费者之间的沟通转化为客户群体之间的沟通，能更好地实现消费者的口碑传播，不断地挖掘出潜在客户并提高他们的消费欲望。

2. 准确地锁定目标客户群体

根据企业的客户数据库，互动营销可以准确地选择目标客户群。这种营销方法正好满足了客户的需求，所以会有很好的营销效果。

3. 促进消费者与企业间的直接联系

企业在进行互动营销策划时，为满足各类消费的互动需求，会根据企业经营情况及产品特性制定不同的策划案，这样在无形中增加了消费者与企业之间的直接联系。

4. 提升消费者对企业的信任

企业的发展最重要的支撑群体就是消费者，互动营销的互动体验表现在浏览、信任以及感官方面。通过一些互动活动策划，可以激发消费者对企业的好奇心和兴趣，提高对企业品牌的认同感，可以很好地让企业和消费者之间建立非常友好的信任桥梁，增强互动。

> **素养提升**
>
> 《乔家大院》让观众感受到晋商的辉煌和悲壮，乔家的发家历史，乔家的经商经营、为人处事之道，让人们明白晋商成功的关键在于儒商精神，而儒商精神的根本在于"仁义礼智信"。这"五常"贯穿于中华伦理的发展中，成为中国价值体系中的核心因素。
>
> >>>想一想：在服务营销过程中，如何体现"仁义礼智信"呢？

四、互动营销的应用

1. App 营销

App 营销是指企业利用 App 将产品、服务等相关信息展现在消费者面前，利用移动互联网平台开展营销活动。企业可以通过 App 页面的游戏活动、刮卡刮奖、抽奖活动、充值有奖、定向支付有奖、大转盘抽奖、后台系统抽奖进行营销。App 营销主要具有以下特点：成本低廉、信息全面、回馈及时、精准性高、客户黏性高。

2. 小程序营销

在小程序上线之前，App 是许多运营者的营销主战场。利用小程序营销有以下特点：转化率高、数据准确、门槛更低、合理裂变。

3. 社群营销

社群营销是基于社群形成的一种新的营销模式。常见的社群营销活动有以下几种：社群分享、社群交流、社群福利、社群打卡、线下活动。社群营销的优势主要表现在以下几个方面：多向互动、去中心化、具有情感优势、自行运转、碎片化。

4. H5 互动页面

H5 是一种新型的移动社交工具，其简单、快捷、灵活、酷炫的特点吸引了大量用户认可和使用，并逐渐形成了互动营销的热点。可以通过互动将电影、艺术、设计、文字、音乐交织在一起，以静态页面、表单、游戏等方式呈现在用户面前，与用户进行互动。

 学有所思

根据你对互动营销的学习，想一想互动营销在企业营销推广中起到的作用。

_____
_____
_____
_____

模块二　互动营销实施方案

【案例】　　　　腾讯"请给我一面国旗"互动营销案例

"请给我的头像加一面五星红旗@腾讯官方"，这句话在国庆节前刷屏了整个朋友圈，打开微信好友列表一看，几乎每个人的头像上都有一面五星红旗，可见这次腾讯的互动营销做得是有多成功。在这次活动中，参与者借助五星红旗这一代表中国的符号载体，强化了自己"爱国"的标签，获得了来自传统美德的心理嘉奖以及社会的广泛认可，与之相反，未参加活动者感受到了来自环境的压力，从而迫使更多的人参与到这项活动中来。"请给我的头像加一面五星红旗"宣传海报如图3-3所示。

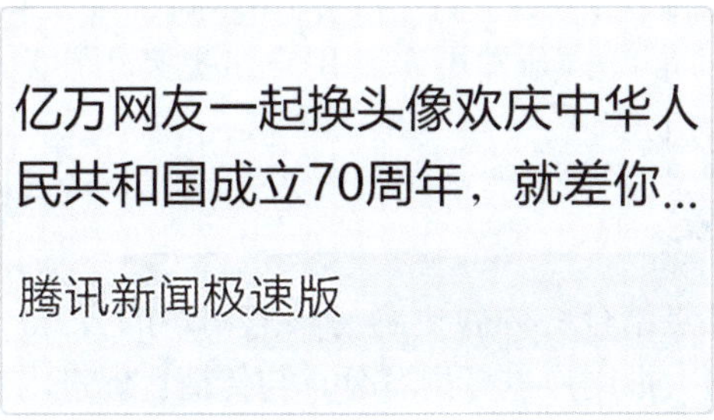

图3-3 "请给我的头像加一面五星红旗"宣传海报

【分析】
"添加国旗"活动成功的原因是什么？
【参考答案】
给微信头像"添加国旗"的媒介使用行为，一方面满足了用户人际关系的效用，通过对加国旗活动的转发、参与，可以与生活中的朋友、熟人进行交流，在一定程度上满足了人们对社会互动的需求；另一方面满足了用户自我表现的效用，"添加国旗"对用户头像没有任何限定，成为用户自我表现的良好载体。同时以简单与借势两个技巧更好地吸引用户参与互动。

简单：请给我一面国旗@微信官方，内容非常简单，容易模仿；流程简单，直接分享朋友圈就可以了，所以极容易引发裂变式狂欢。

借势：节日的势能，圣诞节、国庆节、中秋节等都是自带流量的时间节点。在这些节日的势能下，很多活动所纠结的细节，如文案、流程、玩法可能都没有将活动快速上线有用。

一、互动营销活动策划背景

活动营销背景主要是阐明开展营销活动的原因与目的，是提出本次互动营销活动策划的基础性动力，策划者可以着眼于市场发展趋势的预测与分析，也可以根据消费者的需求与偏好，结合企业产品的特点进行描述。常见的互动营销策划背景撰写技巧如图3-4所示。

1. 基于产品写活动背景

活动开展能够对产品相关数据产生影响，比如线上产品的下载量、活跃用户规模、留存率、电商产品的订单量、销售规模、平均交易金额、社区产品的评论数量、分享数量等。

运营方需要明确，不同产品数据之间能够相互影响、相互作用，在致力于提高某项数据过程

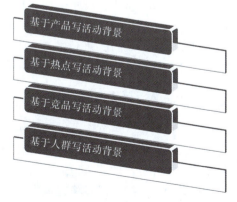

图3-4 常见的互动营销策划背景撰写技巧

中，运营人员也要从相关数据方面着手来采取有效措施。举例来说，要想提高产品销量，运营方就要关注店铺的流量、转化率及客户忠诚度等数据情况。

比如，某运营方旨在通过举办专题互动营销活动来提高产品的下载量，其活动背景如下：

"自下半年以来，产品的下载量逐渐下滑，到年末比上半年降低了10%，运营方旨在通过举办相关活动促进产品的推广，开发更多新用户，提高用户对产品的关注度，并激发他们的兴趣，进而提高产品的下载量。"

2. 基于热点写活动背景

对于公众号运营，与热点结合的内容更容易聚焦用户的目光，大幅提升内容阅读量，不仅如此，此类内容还能吸引大批用户进行内容分享与传播，促进内容产品相关数据的提升。

与此相似，在热点事件发生后趁机推出相关活动，并将其融入活动背景中，也能提高产品的相关数据。举例来说：

例一，"参与优惠活动"；

例二，"七夕想给TA惊喜，点击此处参与活动"。

这两种表达方式的目的都是吸引用户参与活动，但相比之下第二种推广方式的用户参与数量会更多。这是因为热点能够让用户与产品之间的联系更加紧密，从而提高其参与的积极性。

3. 基于竞品写活动背景

以竞品活动为参考对象，对其活动类型、组织方式、具体运营过程等进行分析，在此基础上撰写活动背景，最好能够收集到竞品活动的相关数据，用以说明活动效果，并将其应用到背景说明当中。

新颖的活动固然能够吸引大众的眼球，但在没有先例时，活动效果是不可预知的。企业不妨在了解市场发展趋势的基础上，以竞品活动为参考进行活动策划。很多情况下，企业的管理者也会先分析市场上已有的活动案例，并对其效果进行分析，据此决定自己是否要推出类似活动。

举例来说，某地图类产品在新年临近时推出盘点类策划活动，其背景如下：

"接近年末时，许多商家、企业都会举办盘点类活动，鼓励人们将一年的消费总额、年终奖等分享到社交平台，借此推动宣传。地图产品拥有庞大的用户基础，在其他公司都举办盘点活动时，运营方可以推陈出新，运用地图产品自带的路程计算功能，鼓励用户对一年下来自己经历的总行程进行计算，并分享到朋友圈，体现自己在过去一年'日夜奔波'的辛勤，通过这种方式提高用户的参与度。"

4. 基于人群写活动背景

在某些情况下，运营方可以围绕用户需求开展互动营销活动，也可以通过举办活动来提高用户的活跃度，从而促进产品的发展。如果用户的某种行为对产品发展具有重大价值，运营方就会举办针对性的活动来提高用户的活跃度。

产品面向的目标人群能够在很大程度上推动产品的发展。举例来说，百科的很多词条都来源于大学生人群，为了丰富百科的词条数量，运营方可以举办相关活动，并说明活动策划背景：

"在百科内容创作方面，大学生用户群体是主力军，数据统计显示，去年一年，百科来源于大学生群体的词条数量达××万，其内容优质比率达百分之××。现如今，面向在校大学生举办词条创建比赛，能够丰富百科容纳的词条数量，并提高用户参与的积极性。"

二、互动营销目标

1. 实现企业与消费者深度沟通

互动营销是深度沟通，它通过互动达到营销目标。做好互动营销，首先要找到企业和消费者的共同点。在这个共同点上，双方能增进了解，最终实现双赢。

2. 企业和消费者双方动起来

互动营销与传统的操作方法和媒体选择都不一样。所谓的互动，就是企业和消费者双方互相动起来，而不再是之前的单方面信息发布和单方面产品告知。

3. 互动营销要实现双方共赢

互动营销要保证不干扰用户参与的热情，少向用户传递硬广告性质的信息，实现一种自然、自发参与的氛围，从而实现企业营销目标。

三、互动营销主题

互动营销主题的吸引力是互动营销中很重要的一个环节，一场活动的主题或是一个广告的口号足够吸引人，关注度就会提高。比如可口可乐三个网络营销案例，从新年的第一瓶"可口可乐"你想与谁分享活动，到畅爽加倍更添美味——"在线'宴遇'飞轮海"活动，再到"零度可口可乐"创意无限度活动。这三个网络推广活动通过创意和互动性、有针对性和吸引力的奖励政策吸引了大数量级的用户参与，使可口可乐的知名度又提升了一个层次。

1. 主题要有创新的设计

设计主题的时候可以使用头脑风暴的方法，集思广益，在传统的基础上创新，利用人们的好奇心取得关注，形式上可以不拘小节，多种多样。实践证明，越容易引起人们兴趣的事物，其被长久记忆的概率越大。

2. 主题要有针对性

互动营销主题应该围绕一个中心点来展开，可以是产品的一个核心功能，也可以是使用产品给客户的一种独特或者物有所值的体验，要做到让客户一看到互动主题立刻就能想到我们想要客户了解的事物。在确定互动主题时，要针对企业自身的情况和市场情况，精心设计与准备。这样才能得到我们所期望的结果。

3. 主题要健康向上

积极健康向上的主题能使互动主题活动得到意义上的升华，给消费者留下一个良好的印象，在消费者心中能树立起企业有活力、负责任的正面形象，对企业的发展有一定的帮助。积极健康向上的主题也能使消费者放下对企业的警惕心，从而拉近企业和消费者之间的距离。

四、互动营销目标用户分析

对互动营销来说，品牌需要以用户接受、听得懂、喜爱的方式和用户互动，结论就是需要创造、传递优秀的用户体验。

互动营销更要注重其用户体验，如果用户体验不好，就不可能成为企业的潜在客户或准客户，这就无法实现互动营销的目的。企业的整个互动过程一旦让访问者感觉良好，他们便会邀请朋友一起参与，这样不仅能增加参与人数，还能提升企业的知名度。所以企业在互动营销中要达到传播的目的，保证传播的效果，首先要确定面向哪些目标用户，这些用户有何特征。通过对目标用户进行深入分析，有助于为互动营销选择合适的投放平台、确定营销内容。

确定目标用户有以下方法：

1. 明确目标用户和产品特点

在互动营销活动中，参与者必须符合产品用户画像特征，再从产品由谁购买（Who）、购买什么（What）、为何购买（Why）、何时购买（When）、何处购买（Where）、如何购买（How）等方面洞察目标用户行为。企业可以通过市场调研来获取有关信息，并对信息进行筛选、分析，真正了解用户的需求与顾虑，以便有针对性地提供相应的体验手段，来满足用户的需求，打消其顾虑。

2. 目标用户人群兴趣分析

举例来说，如果用户是上班族或白领人士，一款答题类、测试类互动游戏是较好的选择，如果只是简单的小学算数等益智类互动游戏则往往无法提起用户的兴趣。

3. 目标用户需求洞察

了解目标用户需求包含需求类别识别、需求目的识别、需求实质识别、需求层次识别、需求属性识别。

目标客户需求洞察方法包括体验中心法、深度访谈法、竞争对手研究法、数据挖掘法。

综上所述，分析目标用户的需求、年龄段、职业、特征、时间、习惯在开展互动营销前尤为重要，通过对目标用户进行定位、分析，有助于提升互动营销效果。

> **素养提升**
>
> 二手车交易平台是近年来互联网创业的一大热点。像所有的"风口"一样，明星云集，竞争惨烈。除了创立于2014、2015年的人人车、瓜子二手车直卖网（隶属于车好多集团）之外，还有创立更早的优信、车易拍（2018年被大搜车并购），以及车来车往（2016年与开新二手车帮卖网合并，2017年9月宣布破产）、车置宝、易鑫、天天拍车等诸多投入在亿元级别的"大玩家"，商业模式更是从C2B、B2C、B2B，到C2C、

C2B2C……应有尽有。然而走到今天，市场已经呈现出一家独大的局面，其他公司中，美股上市的优信目前市值约为 13.6 亿美元（截至 2019 年 3 月 1 日），港股上市的易鑫集团市值约为 17.7 亿美元（截至 2019 年 3 月 1 日），余者也均与车好多集团目前估值相去甚远。这意味着，在 2019 年投资人的眼中，车好多集团的市场价值是其主要竞争对手的六七倍。考虑到杨浩涌和车好多团队既不是这一市场最早进入者，也没有极深的行业背景，甚至"后台"也不算很硬（多个友商都有阿里、腾讯以及大银行背书），这一结果就显得更加值得探究。车好多集团的合作伙伴特劳技（中国）合伙人李湘群说："……瓜子跟当时整个二手车交易市场最大的差异化，就是它选择的 C2C 模式没有中间商，而这一差异化对买卖双方都是有巨大价值的。"这句话带着明显的"定位"色彩和烙印。定位，是如何成就这样一个创业 3 年多估值近百亿美元的公司的？

1. 创业伙伴：一个关键性制度创新

谈及与车好多集团的合作，特劳特（中国）合伙人李湘群告诉创业黑马学院："最值得说的一点是，特劳特不是以咨询公司，而是以创业伙伴的身份一路陪伴车好多成长的。"但特劳特与瓜子二手车形成的这种创业伙伴关系则能够很好解决上述三个问题，并使得特劳特的战略定位职能超然于公司内部视角，但又不同于利益无关的第三方，确保了战略成果。

2. 选择"直卖"：瓜子的战略路径复盘

二手车在线交易是一个在国内刚刚起步的新兴产业，线上交易只占极小一部分二手车交易份额，互联网改造行业的空间是巨大的。在这一领域，有 C2C、C2B、B2C、B2B 等很多不同的模式。总体而言，大部分互联网平台也选择有中间商的模式，纯 C2C 模式因为效率低、链条长，不被主流玩家看好。杨浩涌和特劳特却共同选择了看起来最难的 C2C 模式，把它定位为"二手车直卖网"，名字是极具凸显性的"瓜子"，价值是"没有中间商赚差价"。

3. 一次有争议的决策：千金夺定位

接下来，杨浩涌和特劳特做了一个决定：拿出 10 亿元真金白银打广告，主推"瓜子二手车直卖网，没有中间商赚差价。车主多卖钱，买家少花钱"。在当时，这一决策引起相当大的争议，许多投资人表示不能接受。据了解，杨浩涌最终是动用了手中 B 类股的特殊投票权，才使决议在董事会中得以通过。于是，从央视到地铁广告，瓜子二手车直卖网的广告铺天盖地，"直卖"是"新一代"交易模式的认知开始进入消费者心智中。仅用一年时间，瓜子就取得了行业交易量第一。

4. 基于定位的进化：破解"做大"难题

通过保卖形式，瓜子补上了自身的短板——卖车效率低，买车选择少。无论买家还是卖家，效率都提升了，也为获取更多盈利打下了基础。更重要的是，由于保卖中瓜子平台上卖出去的车辆还是个人之间的交割，瓜子的"直卖"定位得到了夯实和进化。

>>>想一想：通过瓜子二手车案例，分析瓜子二手车呈现的创新创业思维。

_____

_____

五、互动营销形式

1. 活动奖品增加互动性

通过抽奖、答题等短期或者签到、养成等长期线上活动,将优惠券、兑换券以奖品设置的方法提供给消费者,对于企业有几点好处:一是增加了互动乐趣,活动替代传统的赠送卡券等方式,用户可获得不同的优惠券,刺激用户参与;二是设置了活动门槛,为满足抽奖活动条件,消费者需参与企业设置的任务,在一定程度上可以达到企业的营销目标;三是去除非目标客户群体,通过礼品补贴方式,增加老客户黏性和互动性。同时,活动礼品是一种很好的营销手段,可以提高用户的热情。

2. 活动积分增加互动性

积分互动有利于促进消费者多次购买商品,增加用户访问商品的时间和次数,更有效地提高商品的知名度。一般来说,线上商城及线下商场品牌店铺更适合积分互动,而不是所有商品。

3. 抽奖活动增加互动性

抽奖活动一直是吸粉引流的主要手段。网上商城可以在首页设置大转盘或九宫格抽奖,有利于提高消费者的购买积极性。线下也可以设置大转盘,抽到就送。最重要的是奖品的设置一定要有吸引力,能迅速吸引消费者的注意力。

4. 会员制增加互动性

第一次完成消费后,用户可以注册为会员,与普通用户不同,他们每次享受服务都可以获得一定的折扣或者其他特别服务,能增加用户的心理满足感,让用户和商家建立更为紧密的联系。

六、互动营销方式

随着社交媒体的日益丰富,企业可以应用越来越多的互动营销方式。不同的营销方式不仅提高了营销效率,而且为用户带来了更好的营销体验,这也是移动互联网营销时代的一次新尝试。那么,互动营销方式有哪些呢?

1. 口碑互动营销

以口碑传播为互动营销的主要形式,其主要特点是借助用户口碑传播广告,利用PC互联网和移动互联网广域、无障碍等优势,将低成本、传播迅速的人际传播网络打造成口碑式的互动营销新渠道。

2. 社区互动营销

互联网的高度发展给用户之间的沟通和互动带来了极大的便利,品牌也有可能在社区用户中进行深度的互动营销。社区互动营销是一种基于社交圈的营销方式。通过企业或营销人员组织的特定社区活动，为营销注入更多的互动元素，提高用户参与的乐趣，使企业品牌能够在社区中快速传播。

3. 体验式互动营销

如今，免费体验和免费试用已成为一种趋势。体验式互动营销是让用户体验自己的品牌或产品性能，利用优秀的产品或服务体验展示自己的品牌，成为营销的核心动力。这种营销方式可以使用户在使用产品的过程中找到产品的价值，让他们真正记住品牌和产品，从而为企业建立更坚实、更忠诚的用户群。

4. 创意互动营销

互联网时代的营销不再依赖于弹出窗口或广告来吸引用户的注意力，为营销注入创意内容，把用户体验放在首位，是创意互动营销的核心。为了使用户深刻记住企业品牌和产品，需要通过创意的形式，将营销信息传达给潜在消费者，使消费者从被动接受营销信息到主动沟通，积极参与，加深对团队品牌和产品的理解。

七、互动营销注意事项

实施互动营销，就是要访问者参与其中，互动营销是企业与客户相互交流的过程。大部分的网民都希望自己参与的互动环节较为简单。人是有惰性的，特别是网民的惰性更大，如果参与互动比较复杂，就会点点鼠标离开，不会参与。通过各个流程的参与可以较容易得到奖品。如果这时奖品不吸引人，流程又复杂，网民的参与热情就会大大下降。具体在线互动的设计应遵循以下原则：

1. 合理的规划

将用户体验调研、创意、技术解决方案、分析、搜索方式整合到一起。我们必须为整个互动营销推广制订一个合理的规划，将看似松散的五点紧密联系在一起。整合这五点要求需要企业根据自身商业模式和网络营销策略，以消费者为核心，将多种营销方式整合在一起协调使用，达到传播企业信息和产品信息的目的，实现与消费者的双向沟通，迅速建立品牌形象。

2. 可量化的效能

对互动营销所能取得的成果进行量化，这就要求在规划阶段就要制定效能测量指标。量化的效能可以衡量我们所制定的营销手段是如何发挥作用的。

3. 盈利的问题

所有的市场推广和独立的营销途径都应该考虑到 ROI（Return On Interactive），即互动回报率。如果一个网站不能增加收入，那它比一本宣传册强不了多少。事实上，很少有企业考虑盈利的问题，它们过于关注提升用户兴趣。

互联网品牌营销

 学有所思

根据你对互动营销渠道的学习,想一想电商企业应如何选择合适的互动营销渠道。

自学检测

1. 单选题

（1）下列关于互动营销，不正确的说法是（　　）。

　A. 客户参与，双向互动　　　　　　B. 有助于直接推销产品

　C. 能够建立和管理客户关系　　　　D. 针对性强

（2）下列不属于互动营销特点的是（　　）。

　A. 互动性　　　　B. 舆论性　　　　C. 双向性　　　　D. 人性

（3）互动营销的方式不包含（　　）。

　A. 口碑互动营销　　　　　　　　　B. 社区互动营销

　C. 体验式互动营销　　　　　　　　D. 宣传性互动营销

（4）自媒体类互动营销渠道不包含（　　）。

　A. 百度　　　　　B. 微博　　　　　C. 小红书　　　　D. 今日头条

（5）下列不属于互动营销沟通渠道的是（　　）。

　A. QQ　　　　　　B. 阿里旺旺　　　C. 公众号　　　　D. 京东咚咚

（6）下列关于互动营销对企业的作用，说法错误的是（　　）。

　A. 倾听用户声音，获得用户反馈

　B. 让员工更加了解企业

　C. 可以更好地在用户心中树立企业品牌形象

　D. 获取用户信息

（7）在App上采用一些简单的游戏互动方式促使消费者购买的营销策略称为（　　）。

　A. 品牌形象策略　　　　　　　　　B. 内容营销策略

　C. 关系营销策略　　　　　　　　　D. 互动营销策略

（8）互动营销的实质就是充分考虑客户的实际需求，通过（　　）带动全新的营销视角。

　A. 换位思考　　　　B. 发展前景　　　C. 积极促销　　　D. 频繁营销

2. 判断题

（1）互动营销的"互动"就是指消费者与品牌之间的互动。　　　　　　（　　）

（2）互动营销的互动性是为了与消费者之间产生利益连接。　　　　　（　　）

（3）网络营销可以实现全程营销的互动性。　　　　　　　　　　　　（　　）

（4）互动营销的实质就是充分考虑企业的利润需求，切实实现产品的科技化。（　　）

3. 简答题

（1）什么是互动营销？

（2）常见互动营销活动的形式有哪些？

（3）实施互动营销前怎样进行用户分析？

（4）互动营销实施方案中需要包含哪些步骤？

（5）互动营销的组成部分包括哪些？

答案

互联网品牌营销

项目实训

任务一　学习互动营销活动策划

> **案例材料**

江淮汽车互动营销案例

1. 项目背景

众所周知，在安徽省的本土汽车中，有一家公司一直屹立在全国乃至国际市场上，那就是江淮汽车公司。江淮汽车公司以其独特的制作和营销策略已经在市场上占有了一席之地，并成为家喻户晓的知名汽车品牌。每当人们提到安徽本土的汽车品牌时，第一时间想到的便是江淮汽车，当人们在汽车门店选择购买汽车时都会去江淮汽车的展厅看一看。江淮汽车的车型十分丰富，能够满足不同的人群和不同的用途，有家用轿车、货车等，让人们拥有更多的自主选择权。然而，江淮汽车能够顺利地发展到现在与其特有的营销策略是分不开的。2017年，江淮乘用车推出了旗舰级SUV——瑞风S7，这款车型锁定"80后""90后"等充满激情、富有个性的年轻消费群体，他们热爱旅行、热爱生活、追求梦想，同时勇敢承担家庭责任。江淮汽车先是为瑞风S7上市预热，打造了一场盛大的"劲擎万里 巅峰试驾"三线进藏长测活动，之后在挖掘目标受众群体的新鲜感和责任感的心理诉求后，又在手游、古惑仔、动画等多个场景中出现，迎来多次口碑热潮。

2. 互动营销实施步骤

（1）建立与消费者平等对话的通道。在原有售后体系基础上，通过建立集团、各品牌、经销商的官方微博，以及车型论坛的互动机制，来提升用户的忠诚度和潜在的销售契机。

（2）加强与消费者的口碑互动和维护。定期对老车主进行回访，拉近企业与用户的距离，提升用户忠诚度；发现企业或产品的问题并予以及时纠正，并因此在用户与潜在用户之间形成对江淮口碑效应的传递。

（3）丰富终端渠道的互动对话内容。各级终端的各种消费活动要充分考虑消费者的参与热情和参与意愿，创新各种对话形式以及交流方法，加强与消费者的深度沟通。

3. 用户分析

随着年轻用户走上汽车消费市场，江淮汽车面向用户年轻化趋势、数字化浪潮，建立了数字化营销矩阵，通过多元化手段触达消费者。从2020年开始，江淮汽车就已经开始摸索线上销售渠道，了解年轻客户群体的特征，借助当下数字化媒体，通过直播引流、短视频传播以及线上团购会的模式，向广大消费者传递品牌核心价值、强化品牌形象，从而实现线上转化。

4. 宣传运营渠道

（1）建立四级官微矩阵：江淮乘用车作为主账号，承担主要作用；产品微博账号，承担各产品部分角色；外围资源，作为各产品喜爱者角色；渠道官微，承担辅助作用。四个主要力量，齐力打造江淮乘用车微博矩阵，建立全新对话平台。

（2）微视频、微访谈，让车主成为网络视频主角。通过对瑞风 10 年老客户进行访谈，对 10 年老车故事进行征集，同时邀请车友参与微视频创意大赛，提升了用户的参与度。

（3）病毒测试。以"测测你的驾驶基因"为主题利用社交网络进行病毒测试游戏造势，用趣味性吸引用户关注江淮汽车产品、了解产品卖点特性、加深品牌印象，从而提升品牌认知度。后期借势进行产品网络新形式促销，并进行销售效果口碑回收，形成互动营销张弛有度的线性推进。

（4）App 营销。江淮集团为江淮汽车产品量身打造的一款智能手机娱乐 App，集趣味性与实用性于一体，用户只需通过手机摇一摇，随机选择手机图片，软件就能模拟出以此照片为主题彩绘后的和悦车型外观，展示个性彩绘效果，充分满足用户好奇心和个性化的改装需求。后期再借势进行手机 App 彩绘效果图大赛，并辅以优惠活动，将宣传效果转化为销售。

（5）微信。利用微信的扩展功能，如 LBS（基于位置的服务）等应用，将江淮汽车品牌及产品信息，通过活动、图片、文字、视频等多种形式，以直接或者植入的方式传递给微信平台用户。

（6）LBS 互动。基于位置的移动服务，将线上人潮引到线下。以 4S 店为单位举办有奖签到互动活动、参与网友到店活动、系统自动 Check in 活动、奖励积分可兑换免费服务活动，或抵扣现金购车活动。

（7）终端渠道"微试驾"活动。在教师节以"幸福教师节"为主题通过微博组织试驾活动，邀请消费者参与，全程微直播，让消费者成为活动的主角，成为媒体报道的主角。

（8）手机营销。开展"随手拍江淮车赢大奖"主题活动，消费者上班途中 1 小时、睡前 1 小时、中午 1 小时……借助移动互联网，大量的时间碎片，成为吸引消费者的最佳时机。网友利用手机终端登录微博、SNS 社区、论坛社区，均可参加"随手拍江淮车赢大奖"的活动，充分挖掘消费者时间碎片经济。

【问题】

针对江淮汽车的互动营销案例，分析开展互动营销的流程。

> 学习指导

活动 1. 本次互动营销活动目标拆分。

（1）提升用户的忠诚度，找到潜在的销售契机；
（2）提升用户对江淮口碑效应的传递；
（3）加强与消费者的深度沟通。

活动 2. 营销平台的选择与搭建设计（见表 3-1）：根据营销平台的选择，考虑好每个平台搭建的需要点，对平台推广的内容进行简要的设计。

表 3-1 营销平台的选择与搭建设计

序号	平台	重要性	平台的定位
1	App	高	（1）App 作为营销的主体，承接互动营销的流量； （2）宣传、互动、转化的流量收口； （3）将宣传效果转化为销售

续表

序号	平台	重要性	平台的定位
2	微信	高	（1）基于微信的众多用户，进行微视频、微访谈互动； （2）接纳新"粉丝"、维系老客户、降低客户服务成本、提高目标客户忠诚度
3	微博	高	（1）以微矩阵形式建立全新对话平台； （2）吸引互联网用户的互动，收集意见并改进或创造能满足互联网用户的需求； （3）能够将企业信息和产品第一时间传递给用户； （4）维护并挖掘目标消费人群； （5）品牌的持续曝光
4	LBS互动	中	（1）以H5方式宣传公司互动活动； （2）通过不断地有奖签到互动活动为线下店铺引流； （3）为远期规划的订单转化做准备
5	社交网络	中	（1）以图片、文字、视频等方式将企业活动植入微信用户平台； （2）增进相互交流，开展有奖体验并鼓励用户微直播以吸引更多目标用户参与活动； （3）利用博客自来流量与微博的持续曝光、引流，承接流量，作为与App同步的信息发声平台，对互动活动进行分享讨论
6	各大论坛	中	（1）作为客户互动活动参与平台； （2）通过用户的分享为活动进行宣传

活动3. 平台的运营规划（见表3-2）：根据平台的搭建与设计内容，结合平台各自的特性，做好平台的运营规划。

表3-2　平台的运营规划

序号	平台	运营规划
1	App	（1）用户使用手机摇一摇，随机选择手机图片，App以用户选出的照片为主题彩绘后作为车型外观； （2）展示用户个性彩绘效果，充分满足用户好奇心和个性化的改装需求； （3）后期再借势进行手机App彩绘效果图大赛，并辅以优惠活动，将宣传效果转化为销售
2	微信	（1）通过微信对瑞风10年老客户进行访谈，对10年老车故事进行征集，同时邀请车友参与微视频创意大赛，提升了用户的参与度； （2）利用微信的扩展功能，如LBS等应用，将江淮汽车品牌及产品信息，通过活动、图片、文字、视频等多种形式，以直接或者植入的方式传递给微信平台用户
3	微博	（1）建立四级官微矩阵：江淮乘用车作为主账号，承担主要作用；产品微博账号，承担各产品部分角色；外围资源，作为各产品喜爱者角色；渠道官微，辅助作用。四方面主要力量，齐力打造江淮乘用车微博矩阵，建立全新对话平台

续表

序号	平台	运营规划
3	微博	（2）终端渠道"微试驾"活动。在教师节以"幸福教师节"为主题通过微博组织试驾活动，邀请消费者参与，全程微直播，让消费成为活动的主角，成为媒体报道的主角
4	LBS互动	基于位置的移动服务，将线上人潮引到线下。以4S店为单位举办有奖签到互动活动、参与网友到店活动、系统自动Check in活动、奖励积分可兑换免费服务活动，或抵扣现金购车活动
5	各大论坛	转发相关活动信息，与用户及时进行交流互动，回复用户疑问

活动4. 活动互动形式（见表3-3）：根据营销平台的选择，考虑好每一个平台的特点，确定每个平台的互动形式。

表3-3 活动互动形式

序号	平台	重要性	互动的形式
1	App	高	娱乐互动小游戏
2	微信公	高	（1）微视频、微访谈； （2）以H5形式植入活动广告
3	微博	高	（1）举办微博试驾活动； （2）微直播互动活动
4	LBS互动	中	有奖签到
5	各大论坛	中	（1）照片内容征集分享

任务二　互动营销方案的撰写

案例材料

中国康辉旅游集团有限公司创建于1984年，总部设在北京，是国家特许经营中国公民出境旅游、大陆居民赴台湾旅游的组团社，也是中国旅行社协会副会长单位。

历经30余年发展，康辉已成为全国大型骨干旅行社之一。康辉业务全面，覆盖出境游、入境游、国内游、赴台游、邮轮旅游、签证办理、机票代理、旅游定制、差旅服务、会展商务等业务，是中国综合旅游服务运营商之一，也是中国旅游用户最多的企业之一。

康辉旗下拥有300余家子、分公司，超过3 000家的门店遍布全国，年营业收入逾百亿元。康辉经过不断提升与发展，在消费者心目中树立了良好的品牌形象。

现今，康辉在云南的业务也非常好，2023年云南文旅厅发文，进一步规范旅游市场秩序，提升旅游服务质量，树立云南旅游良好形象，康辉也准备结合文旅厅文件要求，提升自己的服务质量，树立自己的品牌。

互联网品牌营销

> **小试身手**

以 5 人为一个小组,并选出各组组长,完成项目实训任务。根据案例材料中介绍的企业信息,开展一场以提升老客户忠诚度为目的的互动营销活动,以端午节作为活动开展的时间节点,根据我们前面学习的内容,完成互动营销策划和实施。

1. 活动背景撰写
_____
_____

2. 活动时间
_____
_____

3. 活动目标
新用户参与量:_____
老客户参与量:_____

4. 互动营销活动内容及形式(包含图片、视频等内容并提交对应文件)
_____
_____

5. 互动营销平台及平台搭建设计
_____
_____

6. 平台互动形式(见表3-4)

表 3-4 平台互动形式

序号	平台	重要性	互动的形式
1			
2			
3			
…			

7. 每日完成进度跟进(见表3-5)

表 3-5 每日完成进度跟进

小组成员	日期	新客户参与量	老客户参与量	预计目标差额	跟进措施

8. 活动结果复盘
_____
_____

项目总结

学习收获

通过对本项目的学习,我的总结如下:

一、主要知识

1.
2.
3.
4.

二、主要技能

1.
2.
3.
4.

三、成果检验

1. 完成任务的意义有:
2. 学到的知识和技能有:
3. 自悟到的知识和技能有:

项目四

事件营销渠道建设与内容运营

📖 项目介绍

  1915年国际巴拿马博览会上茅台摔酒瓶和最近京东"双11"做借势营销,可谓是炸裂而新颖。一个成功的事件营销真的可以增加企业的品牌影响力和美誉度。从以前传统商业时代到当今的移动互联网时代,从渠道为王到用户为王,我们一直都在强调用户思维是最核心的。事件营销,就是用突发的事件来增加不确定性,吸引人注意。用这种方法,对附带信息不感兴趣的用户会被过滤掉,而一小部分被这些附带信息吸引的用户,就会成为这个品牌的"粉丝"。

  本项目从事件营销的概念和营销案例的分析入手,介绍事件营销策划和实施流程,帮助大家深入了解企业的事件营销。

📖 学习目标

知识目标

(1) 了解事件营销的概念和要素;
(2) 了解红牛事件营销案例复盘;
(3) 了解事件营销常见平台;
(4) 掌握事件营销策划流程;
(5) 掌握事件营销实施过程。

能力目标

(1) 具备事件营销策划的能力;
(2) 具备事件策划能力;
(3) 具备事件营销用户分析能力;
(4) 具备舆情管理能力。

素质目标

(1) 培养学生的创新意识及独立思考能力;
(2) 培养学生的团队合作精神及协作能力;
(3) 培养学生善思考、勤动手的习惯;

互联网品牌营销

（4）培养学生的沟通表达能力；

（5）培养学生的主动意识及动手能力。

◉ 知识结构

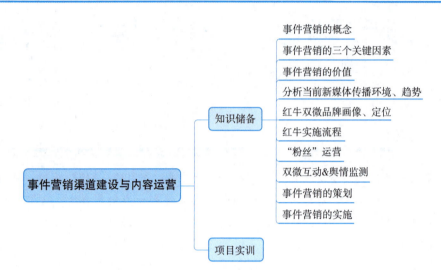

◉ 学习计划

小节内容		事件营销的概念	事件营销案例复盘	事件营销策划及实施
课前预习	预习时间			
	预习自评	难易程度 □易 □适中 □难 问题总结：		
课后巩固	复习时间			
	复习自评	难易程度 □易 □适中 □难 问题总结：		

项目四 事件营销渠道建设与内容运营

◻ 知识储备

模块一 事件营销的概念

【案例】　　　　　茅台靠摔，而海尔则靠砸

　　1915年，在巴拿马万国博览会上，来自全世界的展品可谓琳琅满目。中国送展的茅台酒（见图4-1），却被挤在一个角落，久久无人问津。真是酒香也怕巷子深，好东西得不到人们的关注和认可，让人心里很不好受。但中方工作人员不甘于受冷落，眉头一皱，计上心头，拿着一瓶茅台酒，走到展览大厅最热闹的地方，故意装作一不小心把这瓶茅台酒摔在地上。酒瓶落地，顿时浓香四溢，正在走动的人们立刻被这美妙的酒香吸引住了，纷纷驻足寻找酒香的来源，并走向前啧啧称赞，评委会也终于知道原来在不起眼的角落里藏着这样一个好东西……于是，这一摔，让茅台酒摔出了名，被评为世界名酒，并获得了大奖。

　　茅台靠摔，而海尔则靠砸。

　　1985年，冰箱在当时还是稀罕货，一个消费者想要买一台冰箱，于是找到了海尔，结果挑了很多台都有毛病，但因为实在想买，最后就只能"矬子里拔将军"，勉强拉走一台毛病最少的。

　　这件事深深刺痛了张瑞敏，他派人把库房里的冰箱全部检查了一遍，发现共有76台存在各种各样的缺陷。于是，张瑞敏把职工们叫到车间，问大家怎么办。当时一台冰箱的价格为800多元，相当于一名职工2年的收入，所以多数人提出，既然不影响使用，就便宜点儿处理掉算了。

图4-1　1915年茅台酒

　　张瑞敏说："我要是允许把这76台冰箱卖了，就等于允许你们明天再生产760台这样的冰箱。"于是他当即宣布，这些冰箱要全部砸掉，谁干的谁来砸，并抡起大锤亲手砸了第一锤（见图4-2）。

　　很多职工在砸冰箱时心疼得流下了眼泪。张瑞敏说："长久以来，我们有一个荒唐的观念，把产品分为合格品、二等品、三等品，还有等外品，好东西卖给外国人，劣等品出口转内销自己用。难道我们天生就比外国人贱，只配用残次品？这种观念助长了我们的自卑、懒惰和不负责任，难怪人家看不起我们！从今往后，海尔的产品不再分等级了，有缺陷的产品就是废品，把这些废品都砸了！只有砸得心里流血，才能长点记性！"

　　一场砸冰箱的事件，使海尔成了当时质量的代名词。3年以后，海尔捧回了我国冰箱行业的第一块国家质量金奖。

互联网品牌营销

图 4-2　张瑞敏下令砸烂 76 台冰箱

【分析】

茅台、海尔通过上述行为是如何帮助企业树立品牌的？

【参考答案】

事件营销用"奇"吸引大众的关注和参与，相对隐秘地传达了品牌信息，起到了润物无声的效果，也成了众多企业和品牌成功的捷径。茅台、海尔都通过事件营销而一举搏出了名，更是搏出了品牌地位。这充分证实了事件营销的巨大作用。事件营销之所以具有这么大的威力，就是因为它的新闻价值比较高。精心策划好的事件满足了人们对新闻趣味性的追求，让人觉得整个事件曲折有趣，乐于去关注。

一、事件营销的概念

事件营销，也可称为热点事件营销。基于人的社会属性，大家都会追逐热点。在媒体中心化的时代，热点事件常常会成为全民关注的话题。热点事件，如同一粒掉在水中的石子，会激起层层涟漪，引发多层传播效应。

事件营销的本质就是把企业想要传播的信息，植入经策划、组织的有新闻价值的事件之中，以引起公众的自发关注和媒体的自发报道，从而达到传播广告信息的目的。在多数情况下，事件营销属于市场营销工作的范畴，所以市场人会对热点事件尤为关注，随时想着借势做一次品牌推广。

二、事件营销的三个关键因素

1. 事件

事件营销的前提是一个易于传播的事件，这个事件，既有爆发性的，也有预热性的。通过一个时间点集中传播，能够迅速将事件扩散到周围人的朋友圈、微博。

2. 创意

在微博上,存在大量的段子手,他们对于事件的敏感性,毫不亚于记者、编辑等。互联网上的一点风吹草动,都能经过他们的大脑,变成一个绝佳的段子。每一次事件营销,谁的创意最好,谁就是这次事件营销的赢家。一次成功的事件营销,其创意绝对会让人印象深刻,并快速提高知名度。

3. 传播性

人们无法预料未来的哪件事会成为事件营销的主角,因为热门事件的传播,一般人根本找不到规律。换句话说,无人知道背后是否有推手刻意去炒作某件事。但毫无疑问,大众才是整个事件的推动者和传播者。同样,每个企业进行事件营销的目的,也是希望更多人推动,这样就形成一个循环,使知道的人越来越多,使事件达到峰值,最终达到最大的娱乐效果。

三、事件营销的价值

事件营销具有怎样的营销价值呢?对于中小企业来说,借助事件营销作为品牌推广的重要手段更具有实际意义,其价值如图4-3所示。由于中小企业资金实力有限,相关的资源也有限,不可能投入大量的财力、人力资源进行传统的广告投放以及促销活动。如果中小企业不顾及自身的实力,依照强势品牌的推广手段和游戏规则进行品牌传播,大规模投放广告,则很有可能将企业拖垮。鉴于人的好奇心理以及事件本身的生动性和新闻性,借助事件做营销传播通常会获得更快更多的回应。借助热点事件进行品牌造势往往能以最快的速度、在最短的时间内创造最大的影响力。随着消费需求的分化,选择什么样的媒体已成为企业营销传播不可避免的课题,事件营销恰好能有效弥补媒体资源的不足。

图4-3 事件营销价值

 学有所思

根据你对事件营销的学习,想一想事件营销在企业营销推广中可以如何运用。

模块二　事件营销案例复盘

不知道你是否听说过红牛平流层计划。2012 年，跳伞运动员鲍姆·加特纳乘坐氢气球来到太空边缘，然后一跃而下，以超过一架超音速战机的速度自由落体，最后安全落地。这个筹备了 4 年的疯狂举动是一家为大众所熟知的公司策划的。下面我们将通过企业真实的事件营销案例复盘，帮助大家了解红牛如何借势奥运会来建立自身"运动"（Campaign）的品牌形象，进而掌握事件营销的策划和实施过程。

一、分析当前新媒体传播环境、趋势

1. 微博分析

（1）企业微博。新浪微博发布首份《企业微博白皮书》，数据显示，目前已有超过 96 万家企业开通新浪微博。微博逐渐成为不少企业重要的新媒体互动营销"利器"。

企业微博从 2011 年年底的 4.6 万个，增长到 2015 年年底的 96 万个（见图 4-4）。企业微博数量飞速上涨的同时，企业品牌与网友"交谈"的方式也变得司空见惯。

图 4-4　微博发展数据

（2）微博平台的现状。与企业微博不同，微博整体的互动量还是很高的，但关注点和互动量主要集中在明星和热搜话题（见图 4-5）。

图 4-5　微博热搜话题

(3) Campaign 的方式。品牌想要将自身做成话题，就需要使用 Campaign 的方式制造出足够大的声量。但一个成功的 Campaign 不只是在微博微信平台发出声音，而是基于能够让网友发声的新媒体矩阵，联合各类资源同时发力，即"新媒体+"的方式（见图 4-6）。

图 4-6 "新媒体+"方式

(4) 微博分析总结。在现在的微博环境下，日常运营已经难以维持"粉丝"对品牌的关注，难以促成网友的讨论。品牌需要通过新媒体+Campaign 的形式，把自身做成"话题"，吸引网友的关注和讨论。"+Campaign"的方式可以提高被讨论声量，但阵地"粉丝"增长就必须依靠有效的运营内容。

微博是一个广场，用户数量众多，每日信息量巨大，在广场上想要被众人看到，就需要有足够个性化的标签。所以红牛微博需要一个独特且符合红牛调性的角色化定位。

2. 微信分析

(1) 微信用户分析。微信用户关注公众账号的目的（见图 4-7）是：获取资讯（41.1%），方便生活（36.9%），学习知识（13.7%）。所以红牛的微信想要长期稳定地吸引"粉丝"，推送内容可以结合"粉丝"对功能内容的需求，打造系列专题板块。

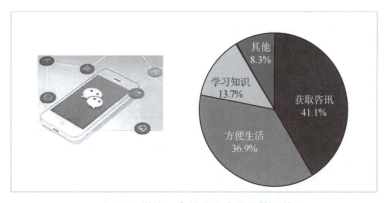

图 4-7 微信用户关注公众账号的目的

用户阅读微信文章的时间集中于早晨出门和晚上睡觉前。用户集中阅读微信文章的时间，是相对完整的，适宜深度阅读。微信生活白皮书如图 4-8 所示。

20%的微信用户选择从订阅号里挑选内容阅读，80%的用户选择从朋友圈里寻找阅读内容。所以红牛的微信推送内容想要获得更多的阅读量，就需要让文章被分享至朋友圈。网友阅读微信文章习惯如图 4-9 所示。

互联网品牌营销

图 4-8　微信生活白皮书

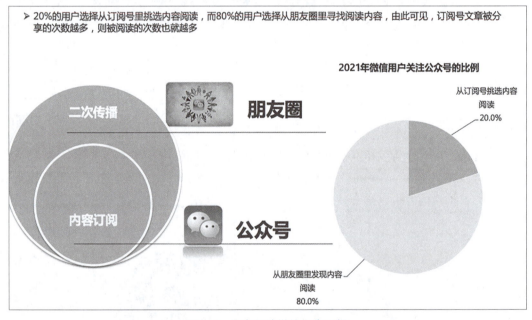

图 4-9　网友阅读微信文章习惯

（2）微信内容分析。红牛的微信需要有独特且符合红牛调性的"专属 content"，为网友提供深度且有分享价值的微信文章。

二、红牛双微品牌画像、定位

1. 双微运营定位思考

红牛怎样在社会上发声才会获得关注？这将是我们接下来要思考的问题……人不会和一个无特点、没有性格的人做朋友，品牌也应是一个人，是一个有自己形象特色的人。所以品牌在社会化媒体上也必须有一个符合品牌调性的人物设定，用人的语气去说话，用人的思维方式去互动，这样才会使其"粉丝"印象深刻。

2. 红牛策略

将红牛官微人格化，通过长期运营打造其独特个人魅力，进而在消费者心中建立统一的形象标签。

通过百度大数据分析，为红牛进行品牌画像。

（1）红牛品牌需求图谱（见图4-10）。

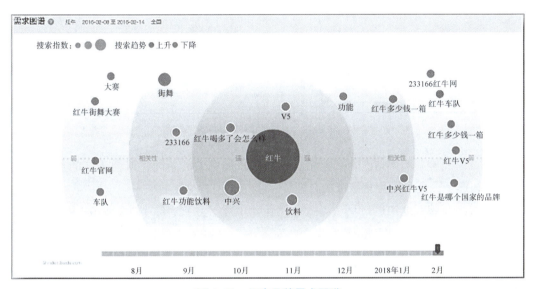

图4-10 红牛品牌需求图谱

（2）红牛品牌人群属性（见图4-11）。人群属性：男性偏多，占4/5，偏年轻，集中在20~29岁和30~39岁。

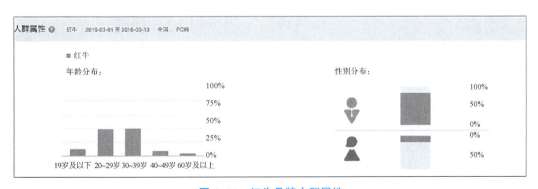

图4-11 红牛品牌人群属性

(3) 红牛品牌热门搜索（见图4-12）。

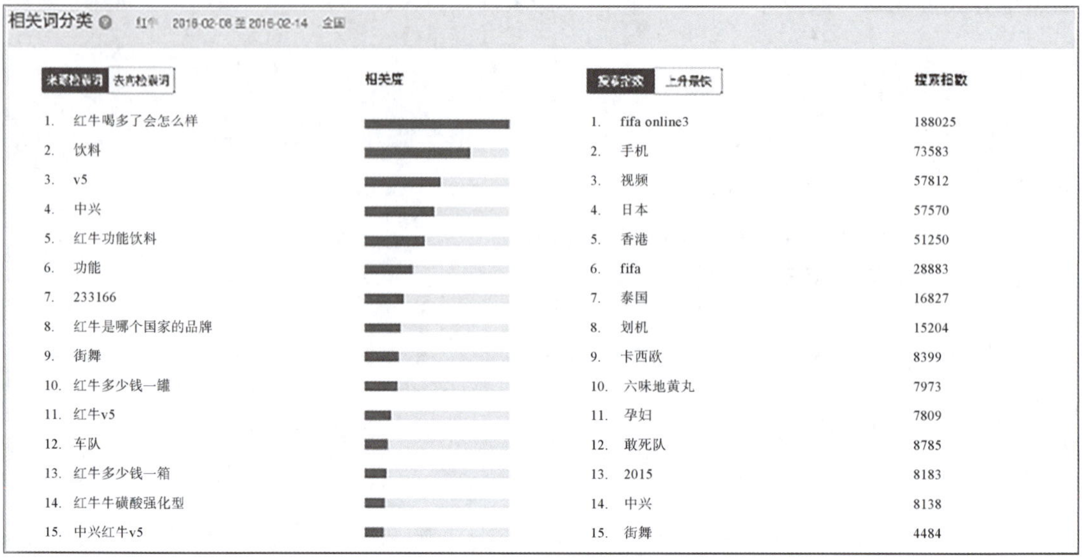

图4-12 红牛品牌热门搜索

(4) 红牛品牌新闻舆情。新闻监测：一些与品牌相关的新闻，成为关注的重点；一些产品的奇闻逸事，会引发受众猎奇的心理。

(5) 红牛品牌百度知道（见图4-13）。百度知道：关于"红牛功能喝法"以及"饮用副作用"成为网民查找的主要问题。

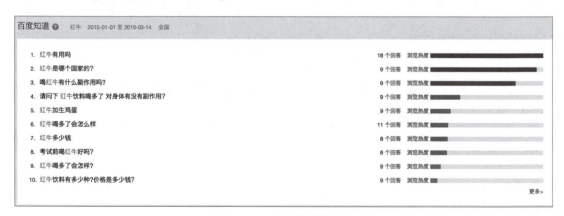

图4-13 红牛品牌百度知道

(6) 总结。一些"功能相关"以及"运动相关"的话题成为网民查找的主要问题，官微运营可以多做此类内容。一些猎奇的新闻也成为网民关注的焦点，官微可以增添一些这样趣味性的报道。

与产品相关的话题，会成为消费者关注的重点。例如，红牛有多少种喝法，红牛起源于哪个国家。可在官微多做重点内容，甚至与消费者进行互动。一些与品牌相关的新闻成为搜索的重点。官微应成为品牌新闻的首要发布阵地。

人群：以年轻爱运动的男性为主并结合其性格，打造官微品牌传播调性。

通过对红牛数据的分析，最终确定品牌的形象为：社交网络拟人化定位。

从饮用常识、互动、活动、幽默、调侃、产品、品牌故事、行业知识、交流、点评、自嘲、八卦方面进行渠道内容的建设。

3. 品牌与网络文化关键词

品牌与网络文化关键词如图4-14所示。

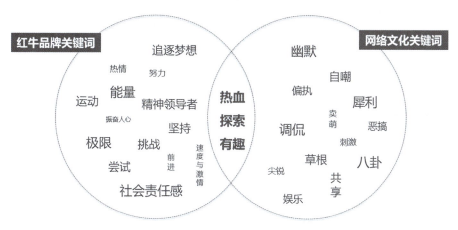

图4-14 品牌网络文化关键词

4. 红牛品牌官微画像

红牛品牌官微画像如图4-15所示。

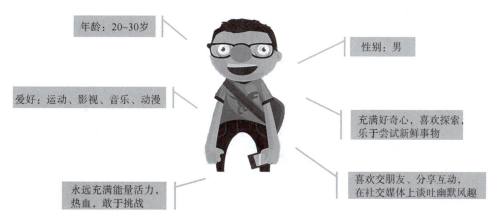

图4-15 红牛品牌官微画像

5. 红牛品牌官微定位

红牛品牌官微的定位是：生活中充满热血激情，喜欢探索新奇事物，同时在社交媒体上幽默风趣的运动达人，如图4-16所示。

互联网品牌营销

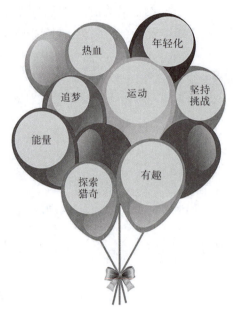

图 4-16 红牛品牌官微定位

三、红牛实施流程

1. 传播目标

与"粉丝"深度互动。像网红一样与"粉丝"互动,让官微互动沟通真正平民化。

打造特色内容标签。制作红牛专属系列内容,通过亮点内容,吸引受众关注,甚至增加"粉丝"。

统一传播调性。将双微平台人格化定位与受众进行沟通。

2. 内容制作

常规内容:

(1) 品牌产品重要新闻事件、活动及时推送。

(2) 社会热点话题快速跟进,增加社交活跃度。

(3) 品牌产品功能解析,趣味话题吸引"粉丝"。

创意活动:

(1) 特殊节庆日主题活动创意。

(2) 品牌产品或粉丝纪念节点。

(3) 跨品牌联合合作。

品牌 Campaign:结合奥运年度热点,制造主题 Campaign,短时间内在社会端制造话题,扩大传播声量。

3. 内容投放

构思1：人物志｜红牛牛人榜——用真实的人物故事打动你！

（1）创意阐释：在每个领域或者每个人身边，总有那些执着、为梦想坚持拼搏的人，在他们身上充满了无穷的正能量，将这些人物（领域名人，甚至红牛"粉丝"自己的故事）用采访或者人物传记的方式编撰出来，用真实的故事去感动更多人，传播红牛正能量。

（2）平台：微信端。

（3）栏目：#牛人榜#，打造专属红牛的文字型能量内容。

（4）内容形式：人物访谈或人物传记的图文贴。红牛人物志如图4-17所示。

图4-17 红牛人物志

构思2：Get新能量｜每周一个运动介绍——你想尝试的运动都在这里！

（1）创意阐释：提到运动，人们首先想到的就是篮球、足球、羽毛球等常见的运动；室内攀岩、体操等不为大众熟悉的运动，也有很多消费者想要了解和学习。红牛可以为这些人推出一档固定栏目，每周介绍一种运动项目，让那些看似曲高和寡的运动离我们不再遥远，每周获得新能量。

构思3：与跑步App咕咚合作｜红牛移动跑步机——随时随地的大自然跑步机唾手可及！

（1）创意阐释：拒绝健身房——健身呼吸不到新鲜的空气；24小时健身房也没有普及，时间不可控因素太多；健身地点太机械化，离自然太远；选择大自然——空气新鲜，有利于各种有氧运动；在大自然运动不受时间限制，可以随时运动；能结交更多健身达人。

（2）合作示例：平时跑友在咕咚登录红牛的"移动跑步机"活动，通过其监测步数，得到相应步数的兑换二维码。在线下跑步时即可到附近的友宝处扫码免费兑换红牛。

通过汗水兑换红牛，流的汗越多得到的红牛越多，利用的是能量循环的概念。咕咚跑步合作示例如图4-18所示。

图 4-18　咕咚跑步合作示例

构思 4：不科学的看奥运神器

（1）创意阐释：熬夜看奥运势必要补充能量，利用民间高手自制的"能量输送器"搞笑动图吸引网友关注，从中植入红牛信息，配合奥运 Campaign，增加红牛在奥运期间的曝光量，巩固喝红牛看奥运的社会认知。

（2）能量输送器产品示例：挂满红牛的五角输液架连接长吸管直接将红牛送至嘴边，大量持续补充红牛（见图 4-19）。

图 4-19　"能量输送器"搞笑动图

（3）创意实施：

①创意"能量输送器"GIF 传播；

②淘宝同款信息扩散；

③发起"看奥运花式喝红牛"活动。

构思 5：不科学的红牛奥运 Style

（1）创意阐释：以不同视角解说奥运，带有调侃语气，发现奥运中的槽点、趣闻，用"网红"吐槽的方式制作有趣视频，在社交媒体上进行热传。

（2）拍摄一部以"奥运观众席"为主题的短片。
①各大赛事中观众的表情亮点；
②为什么人们会有这种反应；
③在不同比赛中，观众怎样表现才能给运动员加油鼓劲。

四、"粉丝"运营

品牌与消费者能够建立一个可见的、可重复利用的、可深挖价值的双向关系（见图4-20）。"粉丝"是品牌可持续的社会化资产，针对不同"粉丝"，应采取不同策略。

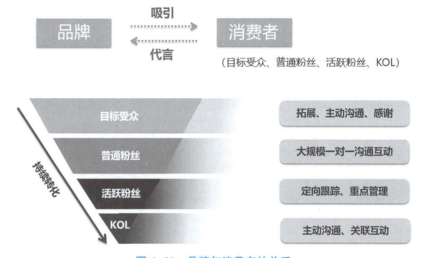

图4-20 品牌与消费者的关系

五、双微互动 & 舆情监测

1. 双微互动"三原则"

用"红牛君"拟人化定位，统一沟通话术和语言调性，通过持续沟通互动，形成"红牛君"自己的语言风格，甚至拥有自己的红牛字典、语录等。

对于网友提出的问题，及时进行专业解答；对于客户投诉，迅速反馈跟进，第一时间报备，跟踪处理。

像网红一样与"粉丝"互动，让官微互动沟通真正平民化，尤其是针对活跃"粉丝"用户，通过持续互动沟通，培养其成为品牌KOL。

2. 双微互动和舆情监测操作

搜索：在固定时段里，搜索有关红牛的关键词，如红牛、能量、功能性饮料等，发现网友原创内容并进行积极互动，如遇负面信息及时报备。

转发：关注网友经常转发的文章内容，了解"粉丝"喜好，并据其调整发布文案内容。

互联网品牌营销

评论：时刻关注网友评论，对负面评论进行迅速反馈、跟踪处理，对正面评论进行及时回复，如"谢谢支持"等。

私信：重视每一条私信回复，尤其是负面投诉信息，应及时跟进，跟踪处理。

六、总结

新媒体传播流程如图4-21所示。

图4-21 新媒体传播流程

（1）"1"个传播定位贯穿新媒体平台，统一调性："热血、探索、有趣"。

（2）"3"个传播板块解构品牌传播矩阵，联合推广造势。

（3）"9"个系列传播主题创意活动，打造红牛新媒体专属内容标签。

素养提升

南京某知名食品企业被中央电视台揭露用陈馅做月饼，事件曝光后该公司接连受到当地媒体与公众的批评。面对即将掀起的产品危机，作为一向有着良好品牌形象的老字号企业，却做出了让人不可思议的反应：既没有坦承错误、承认陈馅月饼的事实，也没有主动与媒体和公众进行善意沟通、赢得主动，把危机消除在萌芽阶段，反而公开指责中央电视台的报道蓄意歪曲事实、别有用心，并在没有确切证据的情况下振振有词地宣称"使用陈馅做月饼是行业普遍的做法"。这种背离事实、推卸责任的言辞，激起一片哗然。一时间，媒体公众的猛烈谴责、同行企业的严厉批评、消费者的投诉控告、经销商退货浪潮……令事态严重恶化，也导致企业最终没落。

>>>想一想：请思考企业应该履行什么责任以及面对危机事件时需要注意什么。

模块三 事件营销策划及实施

一、事件营销的策划

1. 明确事件营销的终极目标

今天的事件营销，面临着事件的把握与制造、风险的规避与控制、资金的预算与把控等许多问题，企业只有给予全方位的支持，并制定明确目标，才能达到战略的跃升。目标的确定不能脱离品牌的核心理念，其中要考虑的主要是公众的关注点、企业的诉求点和事件的核心点，如果能够做到三位一体，必能击中目标。

2. 目标人群分析

首先，要找出企业的目标群。其次，需要洞察企业所确定目标群的消费特性，从而确定核心消费群和边缘消费群。我们可以用人口学、心理学和行为学的指标来定义或者标示出这些人的特点。为事件营销划分目标消费群体，明确什么样的人会受到事件的影响，怎样让这些人最大限度地接受事件体验，使成功率得以提升。

只有找准了目标人群，明确了目标人群的心理特征和消费特征，才能准确地命中目标。我们可从目标人群的特征出发，选择如何介入事件活动、如何设置活动环节、如何进行有针对性的传播等。

3. 找到融合点

按照整合营销传播的思想，事件营销的关键在于企业要在搭载热点事件的基础上，积极借助广告、促销、公共关系等渠道向消费者传达一致的企业相关信息，事件营销要与企业有一定的融合点。也就是说事件营销要和企业的核心竞争力、企业价值观以及品牌的核心内涵紧密相连，使消费者在事件营销过程中获得完整的消费体验。否则，就算策划得再严密，效果也会大打折扣。

4. 借势与造势

事件营销也要善借，借助、利用身边的力量实现自己的目的。借势是操作事件营销的重要手段之一，借助外界热点事件，形成传播的势能，如水银泻地般从高向低迅速传播。

所谓借势，是指企业要及时抓住广受社会关注的新闻、事件以及明星人物的即时轰动效应，结合企业或产品在传播上欲达到的目的而展开的一系列相关活动。如现在的企业都想成为奥运会、世博会、世界杯等的赞助商或合作伙伴，其实都是为了借势。

"有条件要上，没有条件创造条件也要上！"这是造势。所谓造势，是指企业结合自身发展需要，通过策划、组织和制造有新闻价值的事件，来吸引媒体、社会团体与消费者的关注和兴趣。事件本身可能没有足够大的影响力，这就需要企业进行整体策划和有效传播把事件炒作起来，最大限度地吸引受众关注，提升传播效率。借势虽然不失为企业扬名的一个好办法，但受偶然因素制约，未必符合企业产品品牌形象。因此，当企业扬名迫在眉睫而又无势可借时，造势又是一条新的思路。

5. 创意扬势

创意是传播的灵魂。策划者必须深入挖掘企业中最有意义的事情，这些事情必须是消费者关注的、市场关注的和社会关注的焦点，同时足够吸引新闻媒体和读者的眼球。也就是要实现事件的强度、受众的宽度和传播的力度等三个方面的跨越。

二、事件营销的实施

1. 造势——没事找事

所谓造势，是指企业因自身发展需要，通过策划、组织和制造有新闻价值的事件，来吸引媒体、社会团体与消费者的关注和兴趣。事件本身可能没有足够大的影响力，这就需要企业进行整体的策划和有效的传播来把事件炒作起来，最大限度地吸引受众关注，提升传播效率。

阶段一：方案策划

方案策划是主动性事件管理的第一步，方案的科学性、有效性和可操作性直接关系到事件的有序进行和最终结果。

（1）没有调查就没有发言权。这些调查涉及事件主题、内容形式、事件地点、企业关系、环境状态、目标公众的活动兴趣点，以及新闻媒体的关注度等。

（2）挖掘事件主题的亮点。事件主题往往要结合事件本身和企业的诉求点。主题应该满足大众目标的需求，反映主要传播信息，富于时代特色，易于传播，迎合目标受众的心理。

（3）事件操作。要充分考虑事件活动本身的特点，根据事件活动的主题和企业的诉求，找到融合点。既要符合实际又要有所创新，既要有很好的现场感染力又要保证活动进展的节奏，适时制造一些事件活动高潮，并通过媒体进行有效传播和报道。

（4）履行必要的审批程序。公众性的大型活动需要必要的行政审批程序，这种审批主要涉及现场人员疏散、消防安全等方面，注意防止现场活动出现装置倒塌、人员伤亡等群体性事故，主要行政审批单位是各级公安机关。

（5）应急预案设计。凡事预则立，不预则废。应急预案应该贯穿事件的整个过程当中，这里面既包括主观情况，也包括客观情况，例如时间、场地、天气、流程、媒体的传播沟通等，还包括发生突发事件等。只有将可能出现的情况提前考虑周全，才能保障计划的顺利进行。

（6）活动预算。预算是事件管理者最基本的一项管理职能，在很多情况下，预算要涉及事件项目的整个过程（包括项目预算、成本控制和财务决算）。

阶段二：执行准备

准备阶段主要是指活动计划确定后的启动和前期准备，这一阶段是整个活动的基础阶段，在整个活动管理中占据主要的工作时间。毕竟一项重大的活动需要调动广泛的资源，需要环境的充分预热，以及大量的制作和准备工作。

具体来说，这些工作包括执行团队的组建、行动方案的撰写、时间计划、沟通协调机制的建立和媒体沟通等。

阶段三：战前演练

战前演练阶段是指活动前的一周甚至是前夜，主要工作内容包括到场嘉宾的落实、现场准备情况的检查以及现场演练等事宜。

这个阶段主要是不断完善行动方案，落实各项具体工作，可以通过活动筹备会的形式。根据行动方案和活动进程表，对具体工作内容逐一进行检查，列出具体的准备工作内容和准备物品或事项，并进行确认。工作检查表是这一阶段非常有效的工具。

阶段四：现场

如果已经有了严格的现场演练，在现场执行时就主要看现场的控制能力和应变能力。因为现场演练的情况是可以控制的，但现场活动时，众多外界公众参与进来，并不知道具体的活动规则，因此，对于突发的各种事件必须灵活、果断地处理，适时启用应急方案，将影响控制在最小的范围。对于许多应急方案中没有考虑到的有关事项，应该善于协调解决。现场总监必须能承担现场的决策工作。在一项大型活动中，适当安排"自由人"来充当联络人和协调人的角色，往往也能起到非常好的效果。

阶段五：持续

持续是造势的一个重要组成阶段，事件营销的终极目的就是在这个阶段显现出来的，可以说它同时也是一个收获阶段。

造势是否成功，其事件的轰动性只是考量的一个方面，重要的是要有持续性，也就是要有后手。

2. 借势——你搭台，我唱戏

企业做事件营销，一个很重要的课题就是要学会借势。所谓借势，就是借题发挥。比如，可以借名人的势、以慈善的名义、借大片之势等，借势要取得好的效果，必须把握以下几个原则：

原则一：相关性

所谓相关性，就是指热点话题必须与企业的自身发展相契合，也与产品的目标受众相关。

例如，某本土运动鞋品牌赞助"神舟六号"并没有给人留下什么印象，原因之一就是相关性太低，人们不会相信宇航员身体素质好源于穿了该品牌的运动鞋，但人们可能会相信是喝牛奶造就了宇航员强健的体格。

原则二：可控性

所谓可控性，是指企业在借势过程中，要使事情的发展态势处于自己可控制范围内，如果不能在组织的控制范围内，有可能达不到期望的效果。

有人说既然是借他人之势，这个"势"的方向性就肯定不在自己手上了，怎么控制？例如，有的企业想借明星之势，请明星代言，结果不久该明星就传出绯闻或不当言论，连累了品牌的形象。

可控性其实是要求企业具有引导和应变能力。

原则三：系统性

所谓系统性，是指企业借助外部热点话题，必须策划和实施一系列与之配套的公关策略，整合多种手段，实现一个结合、一个转化，即外部议题与组织议题相结合，实现公众从对外部议题的关注向组织议题关注的转化。

国内外每天都有大量的事件发生，那么哪些可以借，哪些不能借呢？这就需要企业有敏锐的洞察力和准确的预判能力。

借势不是赌博，只站在一方的阵营里，你的成功率只有50%，而站在公众一方，你的成功率几乎就是100%。

自学检测

1. 单选题

（1）关于事件营销下列说法错误的是（　　）。

A. 事件营销是一种综合性的促销手段

B. 名牌产品可通过事件营销加强品牌的优势地位

C. 事件营销可以利用一切可以产生新闻轰动效应的事件作为主题

D. 操作失败的事件营销轻则使策划人员名誉扫地，重则出现重大事故（如展品被疯抢、人员伤害等）

（2）事件营销不遵循的原则是（　　）。

A. 相关性　　　　B. 可控性　　　　C. 系统性　　　　D. 保密性

（3）事件营销造势阶段不包含（　　）。

A. 持续　　　　B. 现场准备　　　　C. 战前演练　　　　D. 复盘

（4）事件营销是（　　）。

A. 短期战略　　　　B. 临时战略　　　　C. 长期战略　　　　D. 稳定战略

（5）企业通过策划、组织和利用具有新闻价值、名人效应或社会影响大的人或事件，引起媒体、社会团体和消费者的兴趣与关注，以求提高企业或产品知名度、美誉度，树立良好品牌形象，并最终促成产品或服务销售的活动方式是（　　）。

A. 事件营销　　　　B. 体验营销　　　　C. 零售促销　　　　D. 广告

（6）下面不属于事件营销优势的是（　　）

A. 消费者占据主动权

B. 快速引起目标群体的关注和讨论，引爆市场

C. 目标明确，能快速达到期望值

D. 成本相对较低，投资回报率高

（7）事件营销是指企业整合自身的资源，通过借用社会关注焦点，策划富有创意的活动或事件，使之成为大众关心的话题、议题，从而吸引媒体的报道与消费者的参与，进而达到提升企业形象或销售产品的目的。

根据上述定义，下列不属于事件营销的是（　　）。

A. 某电视剧续集投放之前，影视公司将续集的拍摄花絮放在网上，网友大量点击，该续集播出后收视率很高

B. 某选秀节目的策划团队有意地制造一些参赛者的"绯闻"，以吸引广大媒体报道，使该节目收视率在短期内迅速提高

C. 某科技公司新开产品专营店，欢迎客户进店体验，店员帮助讲解功能和应用，赢得很好的口碑，提升了产品销量

D. 某企业在 M 市受灾后第一时间捐出巨额善款，当地媒体纷纷报道，较好地提升了企业形象

2. 多选题

（1）事件营销的优势有（　　）。

A. 投资回报率高 　　　　　　　　B. 消费者占据主动权
C. 传播深度和层次高 　　　　　　D. 营销流程简化压缩
E. 受众者的信息接收程度较高

(2) 下列属于网络事件营销的有（　　）。
A. "吃垮必胜客" 　　　　　　　　B. "买光王老吉"
C. "凡客体" 　　　　　　　　　　D. "贾君鹏你妈妈喊你回家吃饭"
E. 肯德基"秒杀门"

(3) 策划网络事件营销时，应该注意吸引（　　）的兴趣与关注。
A. 网络媒体 　　　　　　　　　　B. 社会团体
C. 消费者 　　　　　　　　　　　D. 政府官员
E. 竞争企业

(4) 下列属于网络事件营销特征的有（　　）。
A. 投入小、产出大 　　　　　　　B. 影响面广、关注度高
C. 隐蔽的目的性 　　　　　　　　D. 具有一定的风险性
E. 无风险、回报率高

(5) 网络事件营销对企业的好处有（　　）。
A. 通过正确的网络事件营销，可以迅速提升品牌知名度
B. 品牌与事件的有机结合，有助于提升品牌的美誉度
C. 企业通过网络事件营销，可以提高终端销售量
D. 通过捆绑热点事件，开展社会营销，有利于塑造企业的社会公众形象
E. 企业通过新闻媒体炒作，可以达到长期提高品牌知名度的目的

(6) 下列关于网络事件营销的说法正确的有（　　）。
A. 网络事件营销中的"热点事件"一定要与品牌的核心理念相关联
B. 事件越重要对社会产生影响越大，价值也越小
C. 新闻点是新闻宣传的噱头，网络事件营销要想取得成功就必须有新闻点
D. 策划事件营销一定要善于"借势"与"造势"，多利用"名人""名山"和"名水"来宣传企业品牌
E. 网络事件营销的策划需要充分考虑公众的趋同心理

3. 思考题

(1) 事件营销需要注意的营销技巧有哪些?
(2) 请阐述事件营销的策划流程。
(3) 事件营销包含的营销策略主要有哪些?

答案

项目四 事件营销渠道建设与内容运营

▣ **项目实训**

【案例材料】

中国康辉旅游集团有限公司创建于1984年,总部设在北京,是国家特许经营中国公民出境旅游、大陆居民赴台湾旅游的组团社,也是中国旅行社协会副会长单位。

历经30余年发展,康辉已成为全国大型骨干旅行社之一。康辉业务全面,覆盖出境游、入境游、国内游、赴台游、邮轮旅游、签证办理、机票代理、旅游定制、差旅服务、会展商务等业务。是中国综合旅游服务运营商之一,也是中国旅游用户最多的企业之一。

康辉旗下拥有300余家子、分公司,超过3 000家的门店遍布全国,年营业收入逾百亿。康辉经过不断地提升与发展,在消费者心目中树立了良好的品牌形象。

现如今,康辉在云南的业务也非常好。2023年云南文旅厅发文,进一步规范旅游市场秩序,提升旅游服务质量,树立云南旅游良好形象,康辉也准备结合文旅厅文件要求,提升自己的服务质量,树立自己的品牌。

【实训素材】

(1)安装有基本办公软件与制图软件的计算机设备;
(2)智能手机、单反相机等实训设备;
(3)社群运营营销工具。

【小试身手】

学生分组,各组选出组长,以小组为单位进行实训操作。本次实训活动以案例材料中介绍的企业为背景。2023年5月19日是第13个"中国旅游日",为此以线上平台为依托,在云南民族村开展一场"旅游惠民月"活动。前期我们需要结合所学知识使用事件营销来帮助康辉旅行社树立自己的品牌,完成事件营销策划和实施。

1. 事件营销策划

(1)在表4-1中填写百度大数据信息。

表4-1 百度大数据信息

调查项目	内　容
近30天搜索平均指数	
近30天资讯平均指数	
需求图谱	
相关词热度TOP10	
地域分布TOP10	
年龄分布	
性别分布	
兴趣分布	

互联网品牌营销

（2）确定传播目标，并填写表4-2。

表4-2 传播目标

序　号	传播目标
1	
2	
3	
4	
5	

（3）确定活动目标人群，并填写表4-3。

表4-3 活动目标人群

项　目	人群细分
地域	
需求	
品牌关键词	

（4）确定传播策略，并填写表4-4。

表4-4 传播策略

序　号	策　略
1	
2	
3	
4	

（5）项目排期如表4-5所示。

表4-5 项目排期

人员	关键步骤	内容筹备	注意事项	开始日期	结束日期
事件			借名人的势、以慈善的名义、借大片之势		
负责人	内容创意	平台	内容形式		
小文老师	核心需求	确认客户（甲方）具体需求和建议	必须确认活动预算+活动背景+活动目的+活动创意+传播思路+参与人群+双方权责划分	×月×日	×月×日

（6）确定年度推广计划，并填写表4-6。

表4-6 年度推广计划

阶段目标 阶段划分	建立营销阵地 奠定基础 （9—10月）	信息收集整理及 营销活动策划 （10—11月）	新闻传播活动 运作预热 （12月—次年2月）	热点及话题营销 创造事件炒作 （3—6月）
运作平台				
预期效果				

实训评价

任务实践报告

学校名称：_____ 班级：_____ 教师姓名：_____
学生姓名：_____ 日期：_____
课程名称：_____
任务名称：_____

1. 请整理任务要点（见表 4-7）

表 4-7 任务要点

任务	完成时长	实践过程、方法、技巧
活动基本信息		（请写下你对这项关键点的技巧、方法的理解或总结）
百度信息填写		
传播目标		
人群分析		
传播策略		
项目排期		
年度推广计划		
实践小结：（请对今天所实施的项目及任务进行小结，可以谈谈感想或觉得不足的地方，也可以对老师或对课程提出意见或建议）		

2. O2O 活动运营任务评价（见表 4-8）（自评分说明：最高为 10 分，最低为 1 分）

表 4-8 任务评价

序号	评价指标	自我评价		教师评价	
		不足（选填）	评分	点评	评分
1	是否按时完成任务				
2	小组合作情况				
3	百度信息填写				
4	传播目标				
5	人群分析				
6	传播策略				
7	项目排期				
8	年度推广计划				
9	百度信息填写				
	合计				

项目总结

 学习收获

通过对本项目的学习，我的总结如下：

一、主要知识

1.
2.
3.
4.

二、主要技能

1.
2.
3.
4.

三、成果检验

1. 完成任务的意义有：
2. 学到的知识和技能有：
3. 自悟到的知识和技能有：

项目五

互联网口碑营销

◉ 项目介绍

本项目主要讲述互联网口碑营销的概念，网络口碑与网络口碑营销的特点；并以案例实践的形式介绍互联网口碑营销的策略和方法，以及如何使用合理的营销方式并通过媒介平台对负面口碑进行转化，以期获取最大的品牌影响力、流量与关注度。

◉ 学习目标

知识目标
（1）了解互联网口碑营销的概念；
（2）了解口碑营销的特点；
（3）了解口碑营销常用的平台；
（4）了解口碑营销的步骤。

能力目标
（1）掌握口碑营销的策划与实施；
（2）掌握负面口碑的控制与管理。

素质目标
（1）培养学生的创新思维；
（2）培养学生的合作能力；
（3）培养学生的综合运营能力。

◉ 知识结构

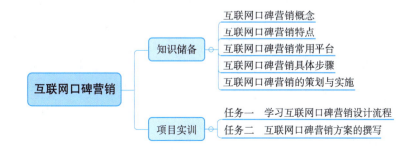

互联网品牌营销

◉ 学习计划

小节内容		互联网口碑营销概述	互联网口碑营销策划与实施
课前预习	预习时间		
	预习自评	难易程度　□易　□适中　□难 问题总结：	
课后巩固	复习时间		
	复习自评	难易程度　□易　□适中　□难 问题总结：	

项目五 互联网口碑营销

▣ 知识储备

模块一 互联网口碑营销概述

互联网口碑营销，英文为 Internet Word of Mouth Marketing，简称 IWOM。网络口碑营销是口碑营销与网络营销的有机结合。

与传统口碑营销相比，网络口碑营销有传播成本低、传播形式多样、传播效率高、互动性强和效果相对可控等特征。互联网口碑营销媒介多样，面对这些不同的渠道，企业品牌营销策略应如何布局，如何利用这些平台开展口碑营销？

这一部分，我们将学习互联网口碑营销的概念及特点，在理解口碑营销的基础上，学习口碑营销实施步骤。

【案例】 小红书 用户即消费者营销火出圈

1. 项目背景

小红书依托社交来打造分享和购物闭环，是一个跨境电商平台。小红书的用户既是消费者，也是分享者。根据小红书官方数据统计，截至 2019 年 7 月，小红书总用户数已达 3 亿；月度活跃用户数已突破 1 亿。小红书新型营销概念如图 5-1 所示。

图 5-1 小红书新型营销概念

2. 执行过程

（1）网络热词，掀话题热议潮。2015 年的"小鲜肉视频"和"鲜肉快递"引起了人们的广泛关注，人们开始认识并接触小红书。而后，众多明星的加入让小红书口碑传遍全国乃至全球，更有"出来逛，迟早都要买的""购物车和钱包，总有一个在清空"等"毒鸡汤"，让消费者深觉有趣。小红书的文案一度被竞相转发。

（2）用户体验式消费，打造新型消费群体。最基本且最重要的是，小红书 App 有来自用户的数千万条真实消费体验记录，汇成了全球最大的消费类口碑库，让小红书成了品牌方看重的“智库”。欧莱雅首席用户官 Stephan Wilmet 说：“在小红书，我们能够直接聆听消费者真实的声音。真实的口碑，是连接品牌和消费者最坚实的纽带。”小红书新型热门话题概览如图 5-2 所示。

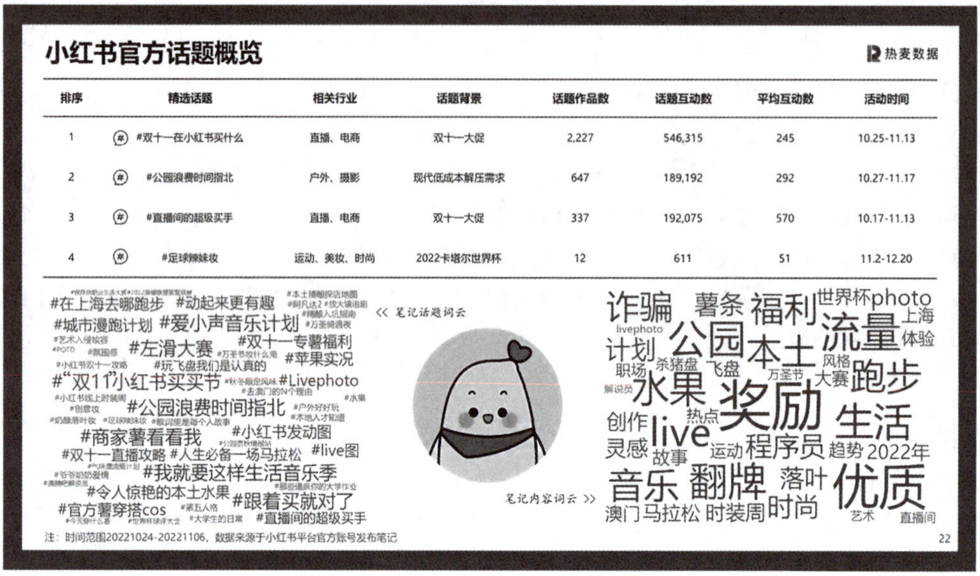

排序	精选话题	相关行业	话题背景	话题作品数	话题互动数	平均互动数	活动时间
1	#双十一在小红书买什么	直播、电商	双十一大促	2,227	546,315	245	10.25-11.13
2	#公园浪费时间指北	户外、摄影	现代低成本解压需求	647	189,192	292	10.27-11.17
3	#直播间的超级买手	直播、电商	双十一大促	337	192,075	570	10.17-11.13
4	#足球辣妹妆	运动、美妆、时尚	2022卡塔尔世界杯	12	611	51	11.2-12.20

图 5-2　小红书新型热门话题概览

（3）跨境消费，消费者和优秀品牌双引爆。通过小红书，中国消费者了解到国外的好品牌。比如，Tatcha 在美国口碑很好，在中国却默默无闻，小红书用户在社区分享消费体验后，使它渐渐受到关注，最后 Tatcha 一举在中国这个世界最大市场中火了起来。现在，小红书成为 Tatcha 在中国的唯一合作方。

【分析】

（1）小红书是如何制造网络口碑的？

（2）小红书网络口碑成功的原因是什么？可以复制吗？

【参考答案】

（1）①网络热词，掀话题热议潮；②用户体验式消费，用户的数千万条真实消费体验记录，汇成了全球最大的消费类口碑库，让小红书成了品牌方看重的“智库”；③跨境消费，小红书海外用户在社区分享消费体验，使消费者了解国外消费动向。

（2）小红书依托社交来打造分享和购物闭环，是一个跨境电商平台。小红书的用户既是消费者，也是分享者。让消费者能在平台上找到同类群体，实现消费群体共鸣。其成功思路可以复制，学习让用户成为分享者的社交购物模式。

一、互联网口碑营销概念

互联网口碑，也叫网络口碑，是网民通过社交媒体等网络渠道，与其他网民共同分享关于公司、产品或服务的文字及各类多媒体信息。

从企业营销的实践层面来看，互联网口碑营销是企业在进行市场调查和定位后，制订一系列口碑推广计划，运用各种有效手段引发消费者对其产品、服务和形象的交流和传播，并激励消费者主动向其周边人群进行介绍和推荐的市场营销方式和过程。

互联网品牌口碑塑造模型如图5-3所示。

图5-3 互联网品牌口碑塑造模型

有一个非常简单的策略，原来的品牌路径模式，是先做知名度，再做美誉度，最后做忠诚度。但现在不管是传统企业还是互联网企业，都是先做忠诚度，再做美誉度，最后做知名度。这个时候用户不需要很多，有几百个或者几千个种子用户就可以了。

通常，互联网品牌口碑塑造模型包括三个步骤。

1. 忠诚度，打磨好产品

例如还没有产品的时候，你就可以开通微博、微信，开始和用户进行沟通互动。可以通过用户沟通，获取信息去打磨、迭代你的产品，这里面包含的就是参与感。

参与感有两个层级：

第一个层级是让用户参与调研；

第二个是让用户参与决策，让用户投票。尽量让用户参与不同的环节，比如产品的材料选定、材料来源都有用户参与。

2. 美誉度，塑造好口碑

第一，找到接触点，通过各个渠道将产品以不同程度的方式传递到客户手上，例如电商渠道售卖产品，客服、交易是一个接触点，线下配送是一个接触点。

第二，要在每一个重要的接触点里面把用户体验做到超出其预期。用户为什么分享？是因为他得到的体验超越了他的预期。在这个阶段你要跟你的用户创造黏性，产生情感联结。这个阶段就是要塑造好的口碑。

> **应用案例**
>
> **××火锅品牌店：口碑营销的标杆**
>
> 在××火锅店（见图5-4）内等待就餐时，顾客可以免费吃水果、喝饮料，免费擦皮鞋，如果等待超过半小时，餐费还可以打九折，有的年轻女孩甚至为了享受免费美甲服务而专门去××火锅店就餐。待客人坐定点餐时，服务员会为长发的女士递上发卡和皮筋，会为戴眼镜的客人提供擦镜布……每隔15分钟，就会有服务员主动更换客人面前的

热毛巾；临走时服务员都会向客人微笑道别；如果某位顾客特别喜欢店内的免费食物，服务员则会单独打包一份让其带走。

图 5-4 ××火锅店

所有这些都成为年轻人在互联网上的谈资，而且会乐此不疲地将他们在××火锅店的就餐经历和感受发布到互联网上，越来越多的人被吸引到××火锅店去体验。

3. 知名度，让别人来讲我

在产品同质化越来越严重、市场竞争日趋激烈的形势下，企业实施品牌战略，精心打造自己的品牌成为企业构筑市场竞争力的核心和关键。品牌知名度提升的阵地包括知乎、论坛、短视频等科技媒体，通过这些媒体的专业写手撰写的品牌相关内容既有垂直度，又很专业、可信度高，可以塑造积极向上、充满正能量、可靠的品牌形象。

忠诚度、美誉度、知名度这三个维度（见图 5-5）协同作战、密不可分，是构建互联网口碑最基本的流程。

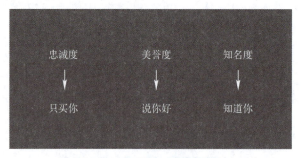

图 5-5 互联网口碑三个维度

综上所述，互联网口碑营销信息传播的关键在于"好产品"。通过合理触点调动人群，激励消费者主动向其周边人群介绍和推荐产品，就很好地实现了互联网口碑营销。

> **课堂讨论**
>
> >>>议一议：请举例说明你身边比较好的口碑营销案例，并说说你愿意将这些品牌分享给你朋友的原因。
> _____
> _____

二、互联网口碑营销特点

了解常见互联网口碑营销特点，有利于我们合理地使用各种不同的组合执行品牌营销方案，下面就对互联网口碑营销特点进行简要的说明：

（1）传播主体的匿名性：通过互联网进行产品信息或者相关内容推广，传播主体虚拟化。

（2）传播形式的多样性：通过各种互联网媒体，如微信、QQ、微博、小红书、短视频平台等进行传播。

（3）突破时空的限制：互联网通过信息传播，突破地域限制。

（4）传播效率极高：通过网络快速传播，触达面广。

（5）互动性强：受众人群多，互动性强。

（6）相对可控性：能对相关投资进行预测。

（7）传播成本更低：无须过多物质投资。

> **素养提升**
>
> 《互联网跟帖评论服务管理规定》自2022年12月15日起施行，本次修订，要求各方均不得通过发布或干预跟帖评论来侵害他人合法权益，相信能遏制部分网络暴力事件的发生。
>
> >>>议一议：国家为什么重视网络暴力安全？在日常网络口碑营销中给你的启示是什么？
> _____
> _____

三、互联网口碑营销常用平台

营销目标确定后，需要根据不同目标进行平台筛选、精准定位，如分类信息平台、论坛社区、视频网站、电子商务平台等，精确分析各种营销推广平台的定位、用户行为，结合独立的营销策略选择合适的口碑营销平台（见图5-6）。营销平台具体可以分为以下六类：

互联网品牌营销

（1）新媒体渠道：抖音、快手、小红书、微博、微信等渠道通常只能影响自身的"粉丝"，所以影响力的大小还要看自身"粉丝"的多少。

（2）自媒体渠道：百家号、头条号、搜狐号、大鱼号、今日头条、企鹅号、网易号、哔哩哔哩、微博号等自媒体对稿件内容审核宽松一些，但参差不齐，浑水摸鱼者多，整体来看自媒体权威性略逊一筹。

（3）电商类渠道：京东自媒体、阿里巴巴专栏、微淘创作平台、唯品会等。

（4）搜索引擎：除了百度搜索，全网搜索引擎还有360、搜狗、头条等。

（5）社交网络：微信、QQ、微博等，这些App基本做到了人人都有，加上延伸出来的微信群、微信朋友圈、QQ群、QQ空间等，一个品牌的口碑信息通过这些平台传播速度相当快。

（6）音频类自媒体：主要有喜马拉雅、荔枝FM、企鹅FM、蜻蜓FM等。

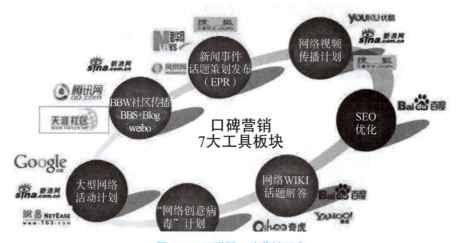

图5-6　互联网口碑营销平台

在互联网时代，品牌口碑传播从传统时代的口口传播变成了爆炸式的星形传播，其传播速度变快了好几倍。随着互联网的成熟发展，口碑传播的重要性更加凸显，选择合理的口碑宣传方式更能凸显品牌效应。

 学有所思

根据你对互联网口碑营销的学习，想一想与传统口碑营销方式相比互联网口碑营销的优势。

模块二 互联网口碑营销策划与实施

我们在先前的学习中了解到,互联网口碑营销是企业在进行市场调查和定位后,制订一系列口碑推广计划,以加深消费者对该种概念的印象,并达到建立品牌网络和形成品牌联想的目的,减少消费者对产品购买决策的思考时间。因而,这就需要我们综合分析营销平台,制定合理的口碑策略进行宣传,从而达到口碑营销利益最大化。

这一部分,我们将学习互联网口碑营销策划实施等内容,包括实施步骤、对营销目标的综合分析、选择合理的平台进行口碑营销。

【案例】 学××坚果品牌做口碑营销

1. 超越消费者的预期

电商平台有很多售卖坚果的卖家,但大都没有考虑到消费者在购买坚果后是需要一定的工具的。××坚果洞悉了消费者的这一需求空白,为消费者配送了打开袋子和敲碎坚果的工具。这一举动能够让消费者瞬间感觉到其与众不同之处,从而让消费者变成其忠诚顾客。××坚果营销中的宣传广告如图5-7所示。

图5-7 ××坚果营销中的宣传广告

2. 追求顾客满意度而非销量

大多数企业以业绩目标作为考核员工的依据,忽视消费者的体验。××坚果考核员工最重要的指标是顾客满意度而非销量。考核顾客满意度虽然在短期内可能无法提升企业的销售业绩,但是对企业长期的销售业绩、品牌形象的树立等有不可替代的价值。

3. 添加娱乐元素

电商售卖的坚果、农产品等,大多数都是千篇一律的产品、服务、称呼等,消费者会出现审美疲劳,缺乏新鲜感。这时候为品牌适当添加娱乐元素,则可能收到意想不到的效果。××坚果一开始就注意将娱乐元素添加进企业文化、产品、营销以及品牌的方方面面,在品牌广告中,××坚果选择了某明星作为广告代言人,从而让品牌的年轻化、娱乐化更加深入人心。

【分析】

(1) ××坚果口碑营销取得成功的关键是什么?

(2) ××坚果口碑营销是如何做到超预期的?

互联网品牌营销

【参考答案】

（1）品牌年轻化元素获得更多年轻人的共鸣和青睐。

（2）①服务超消费者预期，为消费者配送了打开袋子和敲碎坚果的工具；②企业本身注重消费者满意度而非业绩，因此员工也更注重消费者满意度。

一、互联网口碑营销具体步骤

口碑营销是当今市场营销中的一个主要趋势，它是建立品牌形象、传播消费者观点、培养客户忠诚度的有效手段。那么，口碑营销应该如何实施呢？下面将介绍口碑营销的五个具体步骤（见图5-8）。

图5-8　互联网口碑营销具体步骤

1. 确定目标消费者

口碑营销的第一步是确定目标客户。这是口碑营销活动的基础，它决定了推广活动所采取的思路和技术。关于目标客户要考虑的内容很多，比如客户属性、兴趣、行为习惯等。做好这一步的分析，能够有效地定位消费者，抓住口碑营销的关键之处。

2. 提出口碑营销策略

分析完目标客户之后，下一步就是要制定口碑营销策略。把这一步比喻为"把握目标"，首先要明确口碑营销的目的，然后结合情况提出营销策略，重点考虑的因素是传播的渠道、传播的内容以及营销的技巧。

3. 建立口碑营销平台

口碑营销的第三步是建立口碑营销平台。有关口碑营销的渠道要考虑的内容很多，如搜索引擎营销、社交媒体营销、会员营销等。同时，建立口碑营销平台，需要把握好社交化、移动化、视频化等现代营销技巧，以提升客户体验和推动消费。

4. 加强客户服务

加强客户服务是口碑营销的重要组成部分，这一步的目的是提高客户满意度。要做到这一点，企业要做到以客户为中心，提供切实有效的服务，提供优质的售后服务，定期对客户进行回访，把沟通当成客户服务，在客户之间建立友好的关系，为客户创造放心的体验。

5. 推进口碑营销

最后一步就是结合营销工具进行口碑营销。口碑营销活动可以通过优惠活动、赠品、抽奖、微信大转盘等方式吸引消费者的目光，引发社会传播，带动销量增长。同时，可以结合实际情况，策划社交营销、移动营销等多种营销形式，从不同维度推动口碑营销的发展。

以上就是口碑营销的具体步骤，有关口碑营销的活动也是如此，要取得良好的效果，就必须从以上五个步骤入手，按部就班地落实。只有把握口碑营销的精髓，才能让活动取得良好的效果。

> **应用案例**
>
> 小红书通过用户视角打造多类型图文+短视频的笔记分享传播矩阵，进行产品及品牌的宣传推广。高质量笔记产出获得平台关注度和曝光量，也使小红书成为年轻人最喜爱的种草平台。
>
> 小红书多类型图文+短视频的笔记分享传播形式主要结合品牌、产品以及目标用户群体画像进行分析，针对目标人群进行精准营销，根据客户需求及行业市场动态，提出可行性诊断及优化建议，在提升笔记排名的同时强化品牌效应，助力品牌口碑营销。

二、互联网口碑营销的策划与实施

互联网口碑策划实施已经成为每个企业提升品牌竞争力最快的方式。它能快速占位，展现自己的信息，提高网站的曝光率和品牌美誉度。

> **应用案例**
>
> **淘宝 88VIP 会员**
>
> **1. 项目背景**
>
> 2018 年 8 月 8 日，淘宝正式推出全新会员业务——88VIP，从今往后，无论你是吃货还是剧迷，听歌狂魔抑或剁手达人，统统都可以通过 88VIP 获得优惠。
>
> **2. 会员优惠**
>
> 成为 88VIP 之后，会员可以打通优酷、饿了么、淘票票、虾米等全年 VIP 会员的权益，再也不用为这些 App 单独开通会员。此外，88VIP 可享用 88 个一线品牌的全年 9.5 折权益，以及天猫超市和天猫国际直营的 9.5 折，还能获得年度数码家电 300 元购物券和专属会员日优惠。阿里称一年可以平均给用户节省 2 000 元。
>
> **3. 会员具体方案**
>
> 对于采取 B2B2C 模式的企业来说，普遍会面临获客方面的难题。平台之间的竞争越来越激烈，导致获客成本越来越高，效果也不太理想。而采取会员制营销模式可以有效解决这个难题，通过将用户转化为平台的会员，持续地为会员提供有价值的商品及优质服务，从而有效增强平台与会员之间的黏性，帮助平台积累更多用户。

互联网品牌营销

4. 优质会员精准营销

值得一提的是，淘宝的88VIP并不是人人都能买，要满足淘气值1 000才能买，这样的门槛让88VIP的价值提升了不少，当用户的淘气值大于1 000时，买88VIP反而有一种"赚了"的感觉。同时，这种会员制度能够基于"争取新顾客比维系老顾客更难"的观点，做到精准划分用户和精准营销。

【问题】

淘宝88VIP会员制度是如何策划实施的？结合上述讲到的具体步骤进行分析。此外，该案例给你的启示是什么？

素养提升

2020年9月，最高人民法院出台《关于审理涉电子商务平台知识产权民事案件的指导意见》，依法保护电子商务领域各方主体的合法权益。

此外，最高人民法院还先后出台涉及网络知识产权、知识产权刑事保护、知识产权民事诉讼证据、惩罚性赔偿等方面的多个司法解释和规范性文件，明晰裁判规则，统一司法标准，加大互联网知识产权保护和平台经济规制力度。

>>>想一想：为什么国家出台法律加大互联网知识产权保护？这给你在互联网口碑营销方面的启示是什么？

_____
_____

1. 策划网络口碑营销的要点

（1）产品或服务有保证。要进行口碑营销，首先要做的功课就是为消费者提供非常好的产品与服务。网络口碑营销的本质不是靠创意取胜，而是把优质的产品和服务体验传播出去，产品和服务是口碑营销的根本。

（2）企业品牌相关。策划口碑营销时，不管是引爆点，还是策划的话题，一定要与品牌有机结合，不能生拉硬拽，与品牌毫无关系。

（3）传播正能量。口碑营销最后引发的一定是正面口碑，不能适得其反。这就需要我们在策划阶段注意对风险的控制，多准备几套应对方案，不能让舆论偏离我们宣传的方向。

（4）经得起推敲。不管方案如何策划，一定要经得起推敲，不能让人细品就发现漏洞。

（5）形式多样化。早期口碑营销最关注四大搜索和新闻媒体、问答平台、论坛社区，而近几年新增了"双微一抖"和小红书等。

2. 负面口碑的控制与管理

（1）负面口碑：指消费者给予他人对于某一产品、品牌或服务的负面意见，这种负面意见来源于自身的经验或经由别人传播的信息。

(2) 有效管理负面口碑（见图 5-9）。

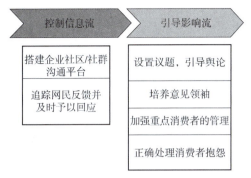

图 5-9 有效管理负面口碑

> **应用案例**
>
> **百度被黑事件**
>
> **1. 事件背景**
>
> 2010 年 1 月 12 日早上 7 点左右 www.baidu.com 突然出现无法访问故障，域名无法正常解析。至 9 点 30 分，太原、天津、郑州、烟台、长沙、成都、沈阳等地均出现百度无法正常访问现象。10 点 45 分，百度官方表示：由于 baidu.com 的域名在美国域名注册商处被非法篡改，导致百度不能正常访问，公司有关部门正在积极处理，www.baidu.com.cn 能够正常访问。自 11 点起，各地网络开始恢复对百度的正常访问。
>
> **2. 应对策略**
>
> 12 点 51 分，对百度被黑事件，CEO 李彦宏在百度贴吧上以"史无前例"表达了自己的震惊。当日下午 6 点，百度发表正式声明，称目前已经解决了大部分登录问题。对于部分中国网友基于义愤报复性攻击其他外国网站的做法，百度称"我们并不鼓励这样的做法，请大家保持冷静"。
>
> **3. 事件点评**
>
> 作为国内最大的网络搜索平台，百度的突然被黑显然在网民中掀起轩然大波。从应对角度来看，百度方面的做法近乎完美：在第一时间对事件做出回应；快速运用技术手段对问题进行处理；迅速制定应急方案，积极引导广大网友使用 www.baidu.com.cn 进行正常搜索；CEO 李彦宏借助于网络发表自己对事件的看法，消除广大网友的猜疑与疑虑；而对广大网友克制性的提醒，显示了百度的大度与事件应对的全局观。如此系统的危机应对策略保障了问题的顺利解决，得到了广大网友的好评。
>
> 【问题】
>
> 1. 百度在处理负面口碑时主要过程有哪些？
> 2. 结合百度扭转负面口碑的措施，谈谈处理负面口碑时应该注意哪些事项。

3. 网络负面口碑处理方法

（1）第一时间采取措施，及时澄清事实。为了避免口碑恶化，甚至失控，首先需要做的是在苗头出现时第一时间采取应对措施，及时快速地处理。其次就是坚持正面面对，不逃避，及时澄清事实，因为比起苍白无力的解释和各种声明，大众更关心的是态度。

（2）进行网络负面口碑分析。当网络上出现负面口碑时，应该深入分析舆情的来龙去脉，展开负面口碑应对工作，对口碑的各个传播节点、发展趋势、网络口碑倾向、网民态度、媒体情感态度等进行深入分析，生成对应的分析图表、报告，为口碑引导方案的制定提供有力的参考依据。

（3）利用技术手段。面对海量的网络负面口碑信息，传统的人工搜索查找手段已经不能适应发展的需求。其效率低、时效性差，因此必须依赖先进的网络技术，对全网负面口碑实时监测，并提供负面口碑告警，早发现负面口碑早应对。

（4）利用网络媒体积极引导网络负面口碑。如依托政府等网络官方媒体，就网上的焦点问题及时披露消息，并组织发表有说服力、有深度的文章等。

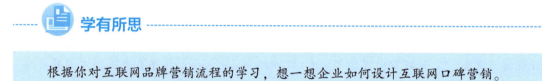

根据你对互联网品牌营销流程的学习，想一想企业如何设计互联网口碑营销。

_____
_____
_____
_____

自学检测

1. 单选题

（1）下列关于互联网口碑营销的说法，正确的是（　　）。
A. 跟传统口碑营销没有区别　　　　　　B. 主要通过口头传播
C. 互联网口碑又叫网络口碑　　　　　　D. 产品好不需要进行互联网口碑营销

（2）互联网口碑营销的特点不包括（　　）。
A. 传播主体匿名性　　　　　　　　　　B. 成本高
C. 互动性强　　　　　　　　　　　　　D. 突破时空限制

（3）下列关于互联网品牌口碑塑造模型的说法，不正确的是（　　）。
A. 要做知名度　　B. 要做忠诚度　　C. 要做美誉度　　D. 要做数量度

（4）下列关于互联网口碑营销的具体步骤，正确的是（　　）。
A. 确定消费目标—提出口碑策略—建立口碑平台—加强客户服务—推进口碑营销
B. 确定消费目标—建立口碑平台—提出口碑策略—加强客户服务—推进口碑营销
C. 确定消费目标—提出口碑策略—建立口碑平台—推进口碑营销—加强客户服务
D. 提出口碑策略—确定消费目标—建立口碑平台—加强客户服务—推进口碑营销

2. 多选题

（1）策划网络口碑营销的要点有（　　）。
A. 产品质量保证　　B. 形式单一　　C. 企业品牌相关　　D. 传播正能量

（2）互联网口碑营销平台包含（　　）。
A. 新媒体平台　　B. 社交平台　　C. 音频平台　　D. 报纸

（3）网络口碑营销需关注（　　）。
A. 国家相关法律制度　　　　　　　　　B. 品牌知名度
C. 传播主体　　　　　　　　　　　　　D. 传播媒介

（4）以下关于口碑营销的说法，正确的有（　　）。
A. 有些商家适合口碑营销，有些则不适合
B. 促使客户好评并转发就是口碑营销的一种
C. 在口碑营销之前要区分出哪些是目标客户，哪些不是
D. 口碑营销的核心信息是企业核心竞争力的体现

（5）口碑营销的好处包含（　　）。
A. 减少企业的营销推广费用　　　　　　B. 增加企业的营收和利润
C. 精确找到企业的目标客户　　　　　　D. 建立企业与客户的强连接

（6）下列属于口碑营销的有（　　）。
A. 小张家里堆满了各色各样的化妆品，还经常为亲戚朋友推荐自己喜爱的化妆品
B. 市旅游局请文化传播公司精心策划了一则创意广告，引发了公众的广泛关注，默默无闻的小镇变得名闻遐迩
C. 李阿姨购买了一款理疗仪后，每天在朋友圈图文并茂地发布自己的使用过程，赢得了几千条点赞后，在理疗仪公司换回了一个保健枕

D. 某商场半月以前就在电视台发布节日促销信息，还雇了许多退休的大爷大妈到各个小区发放促销小广告，节日当天又让员工及家属在商场门口排起了百米长队

（7）下列属于口碑营销实施方法的有（　　　）。

A. 建立网络口碑　　B. 话题体系和运营　　C. 品牌公关　　D. 智慧物流

（8）负面口碑管理的两个步骤是（　　　）。

A. 控制信息流　　B. 引导影响流　　C. 信息疏导　　D. 管理控制

3. 思考题

（1）传统口碑营销与网络口碑营销的区别是什么？

（2）企业进行网络口碑营销最基本的步骤是什么？

（3）网络口碑是什么？谈谈你的理解。

（4）根据你的了解，讲讲你身边网络口碑营销做得好的实例，并对其在该领域的具体应用进行说明。

答案

项目五 互联网口碑营销

□ **项目实训**

任务一　学习互联网口碑营销设计流程

> **案例材料**

康辉旅行社旅游线路互联网口碑营销设计

1. 项目背景

康辉旅行社针对云南旅游项目，为热爱旅行的大学生提供优质旅游路线。旅行社希望借助网络平台对线上市场进行整体把握，对云南本土旅游市场进行深入分析，通过网络口碑营销的方法，力求在竞争日益激烈的云南旅行市场中，实现企业利益最大化和品牌的可持续发展，积极寻求企业品牌的跨越。康辉旅行社网站实行实名注册（注册信息包括所在学校、专业、兴趣爱好等个人信息），便于用户根据自己的一度二度人脉、兴趣等因素查找好友信息，从而保证提供信息的精确性、网站提供服务的可靠性。

（1）大学生旅行市场分析。大学生仍属于低消费一族，他们的日常生活费用主要来源于家庭，经济上主要依赖父母。所以对于大学生而言，在现阶段旅游消费仍属于奢侈消费，旅游消费心理预期和目前旅游产品价格体系相比较，有较大的数据差异，潜在需求的转化受价格约束明显。他们渴望外出旅游，但由于经济来源的制约，对旅游的条件要求一般不高，讲究经济实惠，特别是吃、住方面只要得到基本满足即可。

① 注重旅游经历。大学生长期在学校生活，对外面的世界充满好奇，旅游中的各种经历都是他们津津乐道的事，所以他们更加注重旅游过程中的经历和感受，更享受与人分享的乐趣，旅游或以会友为目的，或以收获知识为目的，旅游的性价比必须达到期望值。

② 旅游时间比较集中。大学生的主要任务是完成学业，因此只能利用课余时间旅游。而他们的闲暇时间主要是周末、节假日以及寒暑假。假期时间长短直接影响了大学生对旅游目的地等其他关键因素的选择。

③ 旅游目的地的选择以短期、邻近地区、自然风景类为主。由于在校大学生受经济、时间等条件的限制，他们的出游多以短期、到邻近地区为主。《中国旅游报》对北京高校的专项抽样调查显示，大学生选择出游天数以 2~4 天为主，其比例高达 74.7%。因大学生生活经历少，对学校和家庭以外的事物好奇，他们旅游时多选择与日常生活反差较大的自然风景类旅游目的地。

④ 出游方式以自组群体为主。大学生的自我意识和独立意识较强，外出旅游多不愿受限于既定的旅行线路和旅行社的行程安排，喜欢自己设计个性化的线路，最理想的方式当然是自组群体。有关调查也证实，大学生去外地旅游喜欢结伴而行，人数组合以 2~7 人居多，达到 74%，其性别构成上是两性搭配占绝大多数。

（2）康辉旅行社的 SWOT 分析。

① 优势。

- 品牌优势得天独厚

康辉旅行社是云南旅行社中精准定位的旅行社，针对人群主要是大学生。这一群体年轻有活力，旅行社能够迅速通过网络将新产品介绍给这一群体。

- 产品研发和创新能力优越

康辉旅行社在产品研发和创新方面施行"人无我有、人有我变"的差异化营销路径，积极开发旅游线路，对产品和市场具有敏锐的分析能力，能够根据市场需求建立自己的网站。

- 旅游、票务、酒店一站式服务

康辉旅行社拥有国内航空客运代理资质，铁路售票资质；此外，还可为旅客代办酒店预订业务，从而实现旅游、票务、酒店一体化经营。

②劣势。

- 品牌知名度未知

旅行社对于品牌的经营是旅行社成长的重要环节，而康辉作为新成立品牌只有老品牌的扶持而无新品牌的市场知名度。如何尽快解决这一问题，建立完善、先进、持续而高效的品牌推广体系是现在该品牌面临的问题。

③机会。

关于资源市场，国家旅游局的政策导向主要集中于两点：一是"大力发展国内旅游市场"；二是"重点促进休闲游市场"。这一方面是为了适应旅游市场实际需求的扩大，另一方面更是为了配合"扩大内需""社会主义新农村建设"的发展战略需要。

从旅游市场发展趋势来看，康辉旅行社面临的发展机遇主要有五个方面：

a. 政策支持旅游业做大做强；

b. 消费市场扩大带来新的商机；

c. 景区同质化使其对渠道依赖加深；

d. 国内旅游人数逐年上升，市场潜力巨大；

e. 旅行社可选择合作方式增多。

④威胁。

云南本土旅行社不断增加，随着准入门槛的降低无疑会吸引更多外商投资，外资旅游企业也将不断增加。外资旅行社在产品和包装方面的优势、资本与运作经验方面的优势，将使本土旅行社面临较大的冲击和经营压力，因此本土旅行社还需在品牌、管理及服务水准方面进一步努力，整合上下游资源，深耕本土特色产品，扩大市场营销力度，以免退出市场或成为人家的"零售商"。

与此同时，云南一部分旅行社品牌意识觉醒，高速品牌运营和推广对康辉旅行社形成一定的冲击。

2. 品牌发展战略

这是一个品牌竞争的时代，品牌对企业而言无疑是最大的竞争力。康辉旅行社当下应尽快梳理自身品牌，而品牌建设的首要任务是科学提炼品牌概念，品牌概念提炼精准与否直接决定着品牌建设的成败。通过市场和行业的分析，康辉旅行社初步提炼出了该品牌的概念。

（1）品牌定位：云南省大学生旅行一站式服务机构。

（2）服务定位（功能定位）：云南省旅行一站式服务。

（3）品牌主张：年轻旅游 便捷旅游。

阐释：康辉旅行社在旅游线路的策划上追求本土特色、精品路线；在服务上追求一站式服务，即旅游、票务、酒店一体化运作，让出行更便捷。

3. 口碑营销（战术）

品牌战略中指出：康辉的首要问题是在云南旅行市场中确立其差异化的品牌形象，即把康辉打造成为"云南大学生旅游一站式服务机构"。其形象识别、理念识别、视觉识别均统一对外。

4. 网络口碑营销意见

口碑营销的两个重要任务：一是树立良好的企业和产品形象，提高品牌知名度、信誉度和特色度；二是最终要将有相应品牌名称的产品销售出去，建议品牌策划人员将品牌的发展流程化，符合品牌成长周期的规划。

品牌营销可选择线上与线下双渠道进行，科学的媒体投放计划可集中企业资源对细分市场和目标消费群体进行精准的传播。

【问题】

针对康辉旅行社目前所面临的实际问题进行分析，该旅行社开展互联网口碑营销的流程应该如何设计。

学习指导

通过案例材料的介绍，根据康辉旅行社目前所面临的实际问题进行信息的整理，梳理网络口碑营销的具体流程应如何实施。这一部分，有助于培养学习者的流程化思维、精细化思维，能够结构化地去理解品牌营销设计流程中关于战略思路的部分。该部分的学习过程由策划者进行部分设计，学习者可根据自己的考虑进行补充。

任务操作流程：

（1）网络口碑营销的目标与路径拆解。

（2）根据目的选择网络口碑渠道。

（3）网络口碑营销平台的选择与搭建设计。

（4）网络口碑营销平台的运营规划。

小试身手

活动1. 口碑营销目标及路径拆解（见表5-1）：根据案例资料的内容分析康辉旅行社进行旅游路线网络口碑宣传的目的，应该通过哪些步骤来达到。

表 5-1 口碑营销目标及路径拆解

序号	目标	实施该目标的路径
1	例：品牌知名度提升	（1）网站建设与宣传； （2）线下终端的落地，康辉旅行社的产品宣传页铺满其母品牌的终端； （3）精准定位人群，用户分析到位； （4）承办或者开发一系列以康辉为主要承办方的活动，加深品牌联系，提升品牌识别度； （5）产品创新，质量优质
2		

互联网品牌营销

活动 2. 选择平台与渠道：根据营销推广的路径设计推广的平台及渠道，具体如表 5-2 所示。

表 5-2　对营销推广平台的思考

序号	推广方式	思考	平台选择
1	互联网广告宣传	（1）社群营销：QQ、微信、微博等平台； （2）新媒体平台：小红书、短视频平台	（1）官网； （2）微信公众号； （3）各论坛、各旅行网站、门户网站贴片做广告
2	线下终端落地	（1）产品宣传册及单页通过母公司品牌铺到终端渠道，使目标消费者接触； （2）请大学生群体进行代言和宣传	
3	产品互联网宣传		（1）微博； （2）博客； （3）自媒体（文字、视频）
4	活动承办与发声	策划一系列文化与旅游相结合的活动，在官媒及用户流量较大的平台发声，通过吸引、转发、分享、裂变的方式拉新达到品牌宣传的目的	官网、微信公众平台、互联网新闻媒体、微博等

活动 3. 营销平台的选择与搭建设计（见表 5-3）：根据营销平台的选择，考虑每一个平台搭建的需要点，对平台推广的内容进行简要的设计。

表 5-3　营销平台的选择与搭建设计

序号	平台	重要性	平台的定位
1	官网	高	（1）官网作为营销的主体，承接品牌营销的流量； （2）品牌、公司、产品的官方发声口； （3）用以开展搜索引擎营销的主体
2	微信公众平台	高	（1）基于微信的众多用户，进行点对点、形式多样的营销； （2）为后期开始微营销进行准备； （3）接纳新"粉丝"、维系老客户、降低客户服务成本、提高目标客户忠诚度
3	微博	高	（1）以最接近目标客户的官方声音出现； （2）创建互联网用户的互动，收集意见并改进或创造适合互联网用户的旅游产品； （3）能够将公司信息和产品第一时间传递给用户； （4）维护并挖掘目标消费人群； （5）品牌的持续曝光

序号	平台	重要性	平台的定位
4	自媒体	中	（1）以文字、影音方式宣传公司及产品； （2）创造云南旅游产品的大 IP 热； （3）通过持续不断的内容输出打造云南的旅游形象； （4）为远期规划的事件营销做准备
5	博客	中	（1）加强搜索引擎排名，作为收录提升权重的方式； （2）增进相互交流，开展产品体验并鼓励用户生产游记用以吸引更多目标用户参与活动； （3）利用博客自来流量与微博的持续曝光、引流，承接流量，作为与官网同步的信息发声平台，对公司、品牌与产品进行细致的介绍
6	各大论坛	中	仅作为推广手段，对产品、活动信息进行介绍

活动 4. 平台的运营规划（见表 5-4）：根据平台的搭建与设计内容，结合平台各自的特性，做好平台的运营规划。

表 5-4 平台的运营规划

序号	平台	运营规划
1	官网	（1）网站品牌、公司、产品信息介绍； （2）根据核心关键词"康辉"旅行社做好长尾关键词的序列扩展，并根据关键词做好网站内文章的更新，文章可以界定为与旅游、行业、公司、品牌相关的原创内容，每周定为 2~3 篇，帮助搜索引擎收录； （3）做好以"康辉""云南旅游""昆明旅游"等关键词为核心的搜索引擎广告竞价
2	微信公众平台	（1）建立公众平台，由于旅游产品需要进行衔接，"服务号"与"订阅号"均可，后期再考虑嫁接第三方平台或微商城平台； （2）微信公众号的运作分为三部分：拉新、分裂、维护。"拉新"阶段通过活动或者红包迅速做大"粉丝"量，从"粉丝"中筛选出适宜的用户进行分裂，根据公司的产品不断执行拉新的分裂操作。做好客户的关系维护，并在后期通过活动或者优惠进行"粉丝"转化
3	微博	（1）定位：做"云南本土旅游"的内容垂直领域； （2）事务目标：每天 10~20 个小微博，内容与云南旅游相关即可； （3）增加微博"粉丝"数量，在同行的大 V 之中寻找潜在客户； （4）"粉丝"量增大后，从官方微博引流到微信； （5）维护好"粉丝"并与"粉丝"互动，打造有性格、有个性的微博账号形象； （6）可考虑微博阵群（运营团队人员或工作量满足的情况下开展）

续表

序号	平台	运营规划
4	自媒体	（1）设计好媒体矩阵，前期可在多个自媒体平台以文字、影音方式宣传公司及产品，优先考虑百家号和企鹅号，一个利于收录，一个自带社交流量属性。 （2）抖音账号，拍摄日更； （3）前期积累"粉丝"，后期做运营； （4）在资金充足的情况下，在产品宣传期间，寻找大 V 进行付费宣传
5	博客	（1）按关键字、关键词做好每周的更新，每周 2~3 篇原创或伪原创均可。 （2）官网同步更新
6	各大论坛	仅作为推广手段，对产品、活动信息进行介绍

任务二　互联网口碑营销方案的撰写

学习指导

通过任务一对案例的分析，我们学习了互联网口碑营销的流程设计方法。在实际工作中，开展品牌营销需要制订一份完整的计划，这就是品牌营销方案。它是在我们思考整个流程后，结合营销方法、互联网应用原则、平台属性、市场、用户等因素，规划出的符合全网营销规则的策略和计划，用以指导整个营销过程的实施。互联网口碑营销方案的撰写过程，是将思考的内容流程化，再次梳理的过程。能顺利撰写口碑营销方案，表明对于产品的整个营销过程都了然于心。

任务操作流程：
（1）认识互联网口碑营销方案的纲要。
（2）根据方案模板结合对品牌营销方案的思考填写内容。

小试身手

活动 1. 认识互联网口碑营销方案纲要：了解互联网口碑品牌营销方案中所要包含的内容，并填写表 5-5。

表 5-5　互联网口碑营销方案纲要

一、项目概述 1. 项目情况说明 ● 产品定位 ● 项目定位 ● SWOT 分析 ● 用户分析与需求定位

续表

2. 项目调研实施 • 营销产品、品牌、竞争对手分析 • 网上消费者行为分析 • 竞争对手在线上、线下推广的策略及效果分析
二、互联网口碑营销的目标和思路 1. 互联网口碑营销目标及路径拆解 2. 营销推广平台的选择 3. 平台的选择与搭建设计 4. 各平台的运营规划
三、人员计划与分配
四、财务预算
五、其他

活动 2. 互联网口碑营销方案撰写：根据方案纲要填充表 5-6。

表 5-6　互联网口碑营销方案

_____互联网口碑营销方案

一、项目概述

1. 项目情况说明

2. 项目调研实施

二、互联网口碑营销的目标和思路

1. 互联网口碑营销目标及路径拆解

序号	目录	实施该目标的路径

2. 营销推广平台的选择

序号	推广方式	思考	平台选择

续表

3. 平台的选择与搭建设计

序号	平台	重要性	平台的定位

4. 各平台的运营规划

序号	平台	运营规划

三、人员计划与分配

四、财务预算

五、其他

项目总结

🎓 学习收获

通过对本项目的学习，我的总结如下：

一、主要知识

1.
2.
3.
4.

二、主要技能

1.
2.
3.
4.

三、成果检验

1. 完成任务的意义有：
2. 学到的知识和技能有：
3. 自悟到的知识和技能有：

项目六

互联网广告营销

📋 项目介绍

本项目主要讲述网络广告的特点，网络广告的类型，网络广告投放的含义、方式及计费方式，网络广告效果测评的内容及指标，网络广告策划的内容，网络广告创意的原则及策略。实施互联网广告营销时能根据企业、品牌、产品的真实状况提炼出核心价值点，包装产品，使用合适的互联网广告营销方式，选择正确而量多的媒介平台投放互联网广告，以期获取最大的品牌影响力、流量与关注度。

📋 学习目标

知识目标

（1）了解互联网广告的概念及特点；

（2）了解互联网广告的分类；

（3）掌握互联网广告的策划与设计；

（4）掌握互联网广告的管理。

能力目标

（1）具备互联网广告策划与撰写的能力；

（2）能够对互联网广告投放进行实际操作。

素质目标

（1）培养学生的团队合作意识；

（2）培养学生的创新精神；

（3）培养学生资源整合的能力。

互联网品牌营销

知识结构

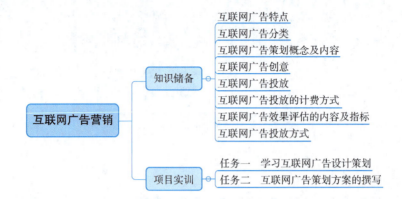

学习计划

小节内容		互联网广告营销概述	互联网广告策划设计	互联网广告管理
课前预习	预习时间			
课前预习	预习自评	难易程度　□易　□适中　□难 问题总结：		
课后巩固	复习时间			
课后巩固	复习自评	难易程度　□易　□适中　□难 问题总结：		

项目六 互联网广告营销

◨ 知识储备

模块一 互联网广告营销概述

互联网广告：通过网络媒体发布的广告。即利用网站广告横幅、文本链接、多媒体的方法，在互联网刊登或发布广告，通过网络吸引网上用户，从而起到提升商家知名度或实现某一商业目的的作用。面对这些不同的平台，企业品牌营销是如何选择的？如何利用这些平台开展广告营销？

在这一部分，我们将在理解互联网广告营销定义的基础之上，学习互联网广告的特点及不同类型。

【案例】　　　　　　　　《原生之罪》品牌植入广告获赞

1. 项目背景

网剧《原生之罪》（其宣传海报见图6-1）自2018年年底在爱奇艺开播以来广受观众的喜爱和关注，可谓成绩、口碑双领跑。

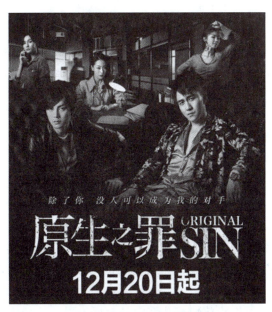

图6-1 《原生之罪》宣传海报

2. 执行的过程

（1）多样化广告策略，深受广告主青睐。《原生之罪》在受到观众热捧的同时，也深受广告主们的青睐。爱奇艺作为该剧的独播平台，为广告主提供的原创帖、贴片广告、创可贴广告等多种多样且好玩有效的创新营销方式，无疑强势扩大了该剧在营销行业的影响力。

（2）联合高端品牌，吸引力极强。与《原生之罪》合作的品牌大部分处于中高端市场，这与《原生之罪》的内容以及爱奇艺平台的"调性"是分不开的。开播一周的营收表现足以证明《原生之罪》对广告主具有强大的吸引力。

（3）内容创新，与产品有机结合。该剧中，爱钱进、网利宝选择了与爱奇艺深度合作创作出全新升级的广告产品——"原创贴"广告，向观众展现诙谐有趣、贴合剧情的内容，卖点可谓直达人心。另外，它还为"三九"、58同城设计出了"创可贴"广告，为北京现代、雅诗兰黛等优质品牌制作了前贴片广告等。

3. 营销效果与市场反馈

作为一部年末热播爆款剧，其热度一直居高不下，强势霸占微博电视剧话题榜、知乎热搜、豆瓣热搜、爱奇艺电视剧飙升榜等各大主流榜单，并蝉联猫眼全网网剧 TOP1 多日。

【分析】

《原生之罪》植入的广告形式主要有哪些？剧情广告与传统的植入广告有什么区别？剧情广告的优势是什么？

【参考答案】

"原创贴"广告、"创可贴"广告、前贴片广告等。

区别：剧情广告与传统的植入广告的区别在于表现方式不同，剧情广告主要通过影视中的背景画面、台词、场景，甚至背景音乐的暗示来完成产品或者品牌的广告呈现。而传统的植入广告则使用更直接的产品展示，表现方式与剧情无关。

优势：①剧情植入广告，直观简洁明了，将产品或品牌、服务等通过电影场景来简单呈现；②自上而下单一沟通平台，无互动性，通过增加电影中的出现频率，加强品牌印象，强制受众关注；③制作成本方面，剧情广告相对普通广告而言，因时间和剧情设计等因素而偏高，但是广泛的应用场合与剧情广告的"人缘"，使剧情广告在投放后的效果明显超过普通广告，因此投资剧情广告是今后广告发展的新方向。

一、互联网广告特点

（1）实时和可控性：根据客户需求快速制作并进行投放，根据客户需要及时变更和调整内容。

（2）双向和交互性：实现供求双方信息流的双向互动。

（3）广泛和开放性：24小时不间断地传播到世界各地，网络用户可以根据自己意愿选择点击或浏览。

（4）直接和针对性：可以投放给某些特定的目标人群，进行精准投放，灵活地实现时间定向、地域定向、频道定向。

（5）易统计和可评估性：可详细统计相关资料，帮助广告主统计与分析市场受众，有针对性地投放广告，对广告效果做出准确的评估。

（6）精准化：针对的人群通过用户画像分析，实现精准推广。

（7）社交化：各种社交工具分享转发。

> **课堂讨论**
>
> \>\>\>议一议：请举例说明你所看到的互联网广告，并分析其特点及表现形式。
> _____
> _____

二、互联网广告分类

互联网广告分类如图 6-2 所示。

图 6-2　互联网广告分类

（1）网幅广告：网幅广告是最早的网络广告形式，是以 GIF、JPG、Flash 等格式建立的图像文件，定位在网页中用来表现广告内容。

（2）文本链接广告：以文字链接的广告，即在热门站点的 Web 页上放置可以直接访问的其他站点的链接，通过热门站点的访问，吸引一部分流量点击链接的站点。

（3）搜索引擎广告：广告主根据自己的产品或服务的内容、特点等，确定相关的关键词，撰写广告内容并自主定价投放的广告。当用户搜索到广告主投放的关键词时，相应的广告就会展示。

（4）电子邮件广告：通过互联网将广告发到用户电子邮箱的网络广告形式。

（5）插播式广告：在一个网站的两个网页出现的空间中插入的网页广告，就像电视节目中出现在两集电视剧中间的广告一样。

（6）软件广告：出现在下载应用软件中的各种广告。

（7）在线游戏广告：以网络游戏为载体，将广告植入游戏之中，以网络玩家为目标受众的一种网络广告形式。

（8）视频广告：依托视频出现的各种插播广告或者广告链接海报。

（9）富媒体广告：并不是一种具体的互联网媒体形式，而是指具有动画、声音、视频和/或交互性的信息传播方法。

（10）移动广告：通过移动设备（手机、PSP、平板电脑等）访问移动应用或移动网页时显示的广告。

互联网品牌营销

> **知识牵引**
>
> 富媒体包含流媒体、声音、Flash 以及 Java、Javascript、DHTML 等程序设计语言的形式之一或者几种的组合。富媒体可应用于各种网络服务中,如网站设计、电子邮件、Banner、Button、弹出式广告、插播式广告等。
>
> 富媒体本身并不是信息,富媒体可以加强信息,当信息更准确地定向时,广告主会拥有更好的结果。

> **应用案例**
>
> ××白酒广告创新火爆全网
>
> **1. 项目背景**
>
> ××白酒(其宣传海报见图6-3)一度火遍大江南北,初见其产品包装的人,往往会眼前一亮——"我是×××,生活很简单",磨砂的小玻璃瓶,印上一个"我是×××"的LOGO和一个年轻小伙子的卡通形象,与传统白酒品牌拉开距离。原本打算吸引"80后"与"90后"的××白酒,在传播中意外地吸引了大叔级的"70后"和"60后"。"这代表了一股强大的力量。青春在于感觉,而不在于年龄。"
>
>
>
> 图6-3 ××白酒宣传海报
>
> 发展到目前,××白酒的形象已经不是一家白酒品牌,而已经成为一家文化创意公司。它的成功,值得学习市场营销专业的人进一步探究。
>
> **2. 运营团队**:××白酒市场部
>
> **3. 营销特点**
>
> (1)几乎从不在主流媒体做广告。除去地铁广告,××白酒基本没有传统的营销方式,利用得最多的是免费的社交媒体。对于利用互动性很强的社交媒体,××白酒的微博营销显示出几个鲜明的特点。
>
> (2)长于文案植入,将有意思的话题与××白酒的产品联系在一起。

（3）对应自己的品牌形象，将微博的运营完全拟人化。在所有的热点事件中发声，表明自己的态度。

（4）利用微博互动作为线上工具，组织线下活动，并与线上形成互动，以增强"粉丝"黏性。

（5）除了微博，微信也成为其营销渠道之一。相比微博，微信的私密程度更高。

【问题】

××白酒成功圈粉的原因是什么？案例中××白酒的网络营销主要通过哪几种广告渠道？

 学有所思

根据你对互联网广告的学习，想一想互联企业要在市场占有一席之地最重要的是什么。

模块二　互联网广告策划设计

我们在先前的学习中已了解到互联网广告的概念，对互联网广告分类有了一定理解，企业品牌营销与选择的互联网广告渠道有很强的关联性，因而互联网广告是与以用户为主体展开的传播战略。这就意味着，我们需要在企业、品牌、产品的基础上合理地进行广告策划设计。

这一部分，我们将学习互联网广告策划设计，包括对互联网广告目标的分析与拆解、互联网广告渠道的选择与策划等内容。

【案例】　　　　　　　××冰城奶茶店的成功，真的是偶然吗？

1. 项目背景

××冰城奶茶店（见图6-4）的火并不是偶然的，它有23年的品牌历史，定位清晰，价格便宜，不装不做作的品牌形象深入人心，深受下沉市场的热爱与追捧。

图 6-4 ××冰城奶茶店

2. 执行过程。

（1）洗脑歌曲。有网友表示，第一次听其主题曲的反应是：这是什么鬼？第二次听感觉还可以，第三次就跟着摇摆起来。也有人说：太洗脑了，现在满脑子都是"你爱我，我爱你，××冰城甜蜜蜜"，闭上眼睛就是一堆小雪人在比心。

（2）平台选择。MV 首发于 2020 年 7 月，在其官方微博账号进行宣发，全国门店同步播放。

特别强调的是，该品牌没有投放任何楼宇广告和电视广告，而是选择了 B 站和抖音这样年轻人居多且打穿了二三四五线城市的短视频平台，这可能与其线下门店营销策略有关。

（3）唱主题曲免费得冰激凌。在歌曲洗脑的情况下，病毒式的传播需要更有力度的带动。通过免费得冰激凌的方案，刺激客户大胆表现唱出主题曲，从而引起很多 UGC（用户生成内容）的内容创作者的频繁录制、改编，达到了品牌宣传的最终目的。

（4）大 V 助力。品牌方找了很多大 V 助力品牌营销，他们的出发点也都是猎奇，从搞笑的视角去完成营销。这就与原创平台的用户群需求点吻合，"猎奇"勾起了用户的兴趣点。很多用户纷纷创新、模仿、操作、蹭热度，自然而然就把××冰城的热度推向了高点。

【分析】

××冰城奶茶店能够成功的原因有哪些？其网络广告策划的基本流程有哪些？

【参考答案】

原因：①营销平台多样化；②宣传歌曲"洗脑"；③大 V 助力；④营销手段丰富。

基本流程：目标确定→市场调研→广告策略决策→广告创作→广告发布。

一、互联网广告策划概念及内容

（1）互联网广告策划，是对互联网广告筹划与谋划，是互联网广告经营单位根据广告主的互联网营销计划和广告目的，在充分的市场调查和研究基础上，对其互联网广告活动进行全面筹划和部署的工作。互联网广告策划流程如图 6-5 所示。

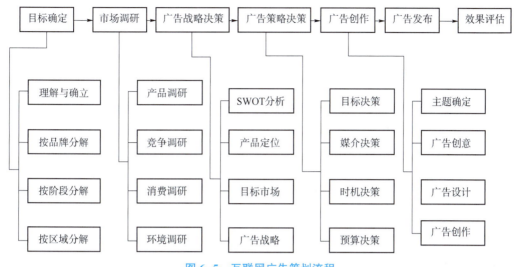

图 6-5　互联网广告策划流程

（2）互联网广告策划的主要内容。

①互联网广告目标策划：提供信息、诱导购买、提醒使用。

②互联网广告对象策划：找准广告对象、细分并确定目标市场、确定互联网广告对象。

③互联网广告策略选择：有明确有力的标题、简洁的广告信息、设计互动功能、制定合理的互联网广告时间策略、科学预算互联网广告费用、设计好互联网广告的测试方案。

④选择互联网广告发布渠道及方式：门户网站、搜索引擎、微博、微信、视频平台、电商平台等。

素养提升

《中华人民共和国广告法》（以下简称《广告法》）明确规定大众传播媒介发布的广告应当明显标注"广告"二字。现在传统媒体上的广告基本做到了。但是，在互联网上情况不一，有的叫商业推广，有的标了"广告"。《互联网广告管理暂行办法》（以下简称《暂行办法》）明确规定，凡是在互联网上发布的广告，都要标注"广告"二字。也就是说，从 2016 年 9 月 1 日开始，再发布的互联网广告应当具有可识别性，显著标明"广告"二字，使消费者能够识别其为广告。如果不标注，就与《广告法》和《暂行办法》的规定不一致，需要承担一定的法律责任。

>>>想一想：《广告法》针对广告发布标注"广告"二字对消费者有什么好处？

二、互联网广告创意

1. 定义

互联网广告创意是广告人员对确定的广告主题进行的整体构思活动,为了让互联网广告达到最佳的宣传效果,根据网络媒体的特点,充分发挥想象力和创造力,提出有利于创造优秀甚至杰出广告作品的构思。

2. 互联网广告创意的原则

(1) 目标性原则:互联网广告的首要原则是必须与营销目标相吻合,创意最终目标是促进营销目标实现。

(2) 独创性原则:具体表现独特的方式,有表现手法的独特,传播方式的独特,或者销售主张的独特。最显著的特征就是不可重复性和不可模仿性。

(3) 简洁性原则:简单明了,切中主题,使人容易读懂广告创意所传达的信息。

(4) 互动性原则:这是互联网广告最突出的特点。互联网广告可以把客户沟通、品牌塑造、信息发布、销售促进以及完成交易融为一体。

(5) 实效性原则:互联网广告要能够带来现实的广告效果,能给广告主带来实在的收益。这是网络广告创意的最高原则。

(6) 艺术性原则:广告的艺术性原则是由广告的说服功能决定的。现代广告不仅仅是告知,更是一种劝导和说服,同时给人以美的享受。

3. 互联网广告创意的策略

(1) 品牌形象策略:通过塑造独特的品牌形象,建立起产品与媒体目标受众之间的感情需求关系,使媒体目标受众产生品牌联想和品牌忠诚,从而激发他们对品牌的兴趣、偏好和欲望,最终使他们产生购买行为。

(2) 情感策略:借助一定手法从情感诉求角度对受众的情绪与情感生活产生影响,进而引发受众对产品或者品牌认可的过程,就是情感策略应用的过程。

(3) 优先权声明策略:这种创意策略的要旨是通过宣传品牌或产品的差异点来预测或战胜竞争对手。

(4) 共鸣策略:媒体受众日常记忆中的生活体验,在其所记忆的场面重现时提起产品,促使记忆该产品的一种广告创意策略。

(5) USP策略:又可称为创意理论。其特点是必须向受众陈述产品的卖点,同时这个卖点必须是独特的、能够带来销量的。

(6) 定位策略:就是根据竞争者现有产品在市场上所处的位置,针对消费者对该产品某种特征或属性的重视程度,强有力地塑造出本企业产品与众不同的、给人印象鲜明的个性或形象,并把这种形象生动地传递给消费者。

> **应用案例**
>
> **百事可乐：我是一瓶有情怀的饮料**
>
> 2016年是猴年，百事可乐抓住猴年主题大打温情牌，请到六小龄童拍摄了广告短片《把乐带回家之猴王世家》，通过微电影的方式讲述了章家猴王四代人的故事，从"活猴章"到"赛活猴"，从"南猴王"到"美猴王"，以"猴王"的名义感动了每一个人。
>
> 微电影中，毫不避讳地再现了生活的苦难和命运的残酷。"那么我怎样才能再见到你啊？""等你当上'美猴王'的那一天就能见到我了"，让无数人泪奔。但这并不是一出苦情戏，而是话锋一转从容大气地说出："苦练七十二变，才能笑对八十一难，演戏如此，人生亦然。"百事可乐也顺势推出了自己的品牌主张："把快乐一代一代传递下去，是为了更多人能把乐带回家。"就这样，百事可乐不仅完成了情怀满溢的品牌营销，也让每一个中国人意识到：回家是我们的信仰，把"乐"带回家是我们的义务。
>
> 百事可乐很好地抓住了这难得一遇的机会，在寒冷的冬日为大家送上营养满满的暖汤，使大家身心舒畅。有网友评论道："就冲这广告、这包装、这情怀，也要买买买。"
>
> 【问题】
>
> 1. 百事可乐的广告创意策略是什么？
> 2. 百事可乐的广告创意策略有什么优势？

模块三　互联网广告管理

> 【案例】　**《你好新生活》新型广告营销**
>
> 2021年天猫为"618"预售推出的短片《你好新生活》，从形式上巧妙创新，在朴树《New Boy》的经典旋律中，用一条纵贯20世纪七八十年代到今天的时间线，把镜头一一拉过每个时代的新事物、新生活。观众犹如坐上一趟时光列车，沉浸式地感受了二八杠自行车、大哥大等父辈当年的新兴潮物；又穿过复古溜冰场、迪厅，而后见证"神舟五号"升空、无人机、飞机、高铁等科技产物；再来到当下，又展望未知的未来。不管你是哪个年代出生的人，都能在这部短片里找到共鸣。
>
> 【分析】
>
> （1）天猫这个广告的创意策略是什么？
>
> （2）天猫为什么要采用这样的广告创意策略？
>
> 【参考答案】
>
> （1）共鸣策略。
>
> （2）让更多人找到消费点，从情感诉求角度对受众的情绪与情感生活产生影响，进而引发受众对产品或者品牌的认可。

一、互联网广告投放

1. 定义

互联网广告投放是互联网广告信息发布策略的实施,通过互联网发布平台进行广告投放是互联网广告运作最后与目标受众直接接触的环节。

2. 互联网广告投放的方式

(1) 利用自有媒体投放:这是最常用的发布互联网广告的方式之一。这种情况下,企业可对广告的内容、画面结构、互动方式等各种因素进行全面的、不受任何约束的策划。

(2) 直接投放:通过邮件递送服务,将特定的信息直接给目标对象的各种形式的广告。

(3) 通过互联网广告代理商投放:专业互联网广告代理商面向的网络媒体众多、类型不一,可以对不同类型网站进行横向比较,能更客观地分析判断每个网站的资源,进行科学的媒介选择,从而实现比较理想的广告效果。

(4) 互联网广告联盟投放:互联网广告联盟包括三要素——广告主、联盟会员、广告联盟平台。

(5) 互联网广告交换:互联网广告交换的途径可分为两种——广告主间互联网广告的直接交换、互联网广告交换网。

二、互联网广告投放的计费方式

互联网广告投放的计费方式如表6-1所示。

表6-1 互联网广告投放的计费方式

CPC (Cost Per Click)	CPD (Cost Per Day)	CPM (Cost Per Mille)	CPA (Cost Per Action)
按照广告点击付费	按天付费	按照千人印象成本收费	按照每行动成本收费
CPS (Cost Per Sale)	ROI (Return On Investment)	CPT (Cost Per Time)	CPK (Cost Per Keyword)
按照销售收费	投资收益率或投资回报率	按时间长度收费	搜索引擎广告的关键词定价

三、互联网广告效果评估的内容及指标

1. 经济效果评估

经济效果评估的内容及指标如图6-6所示。

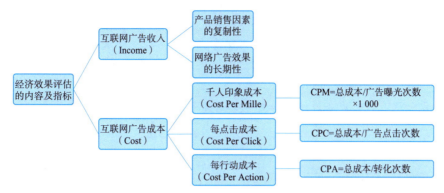

图 6-6　经济效果评估的内容及指标

2. 传播效果评估

传播效果评估如表 6-2 所示。

表 6-2　传播效果评估

互联网广告 AIDA（评估内容）	互联网广告的传播效果评估指标
Attention，注意	广告曝光次数（媒体网站）
Interest，兴趣	点击次数与点击率（媒体网站）
Desire，欲望	网页阅读次数（广告主网站）
Action，行动	转化次数与转化率（广告主网站）

3. 社会效果评估

社会效果评估如图 6-7 所示。

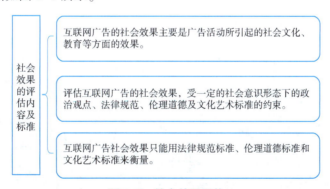

图 6-7　社会效果评估

素养提升

《互联网广告管理办法》第九条：以启动播放、视频插播、弹出等形式发布的互联网广告，应当显著标明关闭标志，确保一键关闭，不得有下列情形：

（1）没有关闭标志或者需要倒计时结束才能关闭；

(2) 关闭标志虚假、不可清晰辨识或定位；
(3) 实现单个广告的关闭，须经两次以上点击；
(4) 在浏览同一页面过程中，关闭后继续弹出广告；
(5) 其他影响一键关闭的行为。
>>>议一议：视频广告为什么需要有关闭标志？这样做对消费者有什么好处？

四、互联网广告投放方式

1. 搜索引擎——百度系列广告投放

百度营销广告如图 6-8 所示。

百度营销依托百度搜索引擎，让需求用户更快找到适合的产品和服务，同时助力企业获得潜在客户。百度营销覆盖全国各地，服务全行业全阶段企业，企业通过百度营销实现获客增长。

百度营销广告主要包含搜索推广、信息流推广、品牌推广等类型广告，为企业推荐合适的产品，快速曝光，抢占获客流量新风口。

百度系列广告策划及搭建具体标准主要有以下五个方面：

账户结构：为后续分析及优化搭建良好的推广基础；

创意标准：通过优质内容吸引用户；

关键词：选择适合的流量来源；

推广范围：确定覆盖的人群范围；

账户搭建：结合需求选择搭配的样式。

图 6-8　百度营销广告

(1) 账户结构：计划单元的划分如表 6-3 所示。将客户的业务特性和关键词词性相结合，便可确定客户的账户结构如何进行搭建。

表 6-3 计划单元的划分

结构项	划分方式	说明
计划	按照业务进行划分	多业务线、品类或服务的客户，如电商、美容
计划	按照地域划分	地域性较强的业务，如旅游、机票、酒店等
计划	按照品类进行划分	拥有多个品类的业务，如手机、美食、医疗等
单元	关键词词性	品牌词、动词、形容词、疑问词等
单元	次级类型	地域、业务、季节等

常见搭建思路：在实际推广中，不同广告主的诉求存在差异，因此需要先解读梳理广告主具体诉求，再确定账户结构的搭建思路，具体如图 6-9 所示。

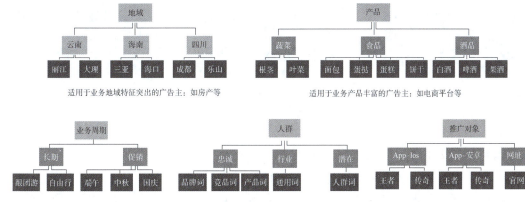

图 6-9 常见搭建思路

(2) 创意标准：创意撰写要求核心遵循规则如表 6-4 所示。

表 6-4 核心遵循原则

编号	核心要求	原因
1	每个单元至少两条创意，且标题和表述一条包含通配符、一条不包含	包含通配符飘红能够显著提升点击率，部分情况下如果通配符不能触发，具备不包含通配符的创意也可保证展现
2	创意不可包含违规、违法、低俗内容	影响用户体验，并且会造成信用扣分，导致成本提升
3	标题和创意的字符数不应过短或过长，一般保持在字符数限制的 50%~80% 水平即可	丰富的创意有助于获得较好的质量，且适当的长度有助于完全展示创意的内容

续表

编号	核心要求	原因
4	语言通顺、连贯，符合正常的阅读顺序	让用户第一时间可以完全了解核心内容
5	描述1、描述2均需填写，且重点内容放在描述1	提升质量的同时，保证用户首先看到关心的内容
6	创意与对应单元关键词内容相关，且与对应落地页一致	一致性的保持有助于降低用户的跳出率

（3）关键词。关键词选择如图6-10所示。根据关键词的特点，我们可以通过词性、竞争性、目的性三个维度进行拆分。

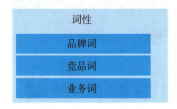  

图6-10　关键词选择

（4）推广范围。

①推广时段（建议工具：分时段出价类）。

a. 对于有较多预算的客户来说，尽量保证每周全天在线；

b. 对于有一定预算的客户，尽量保证全部服务时段在线，小客户在竞价较低的时段在线，如夜间、周末。

②推广地域（建议工具：分地域出价类）。

a. 预算足够的客户，尽量覆盖全国所有服务地域，可以根据竞争激烈程度采取分地域出价；

b. 预算不多的客户，优先保证服务地的投放，中部客户更多关注重点服务的地域。

③匹配模式（建议工具：分匹配出价类）。

a. 中部以上客户可以通过短语中的任何匹配模式进行投放，再逐步通过否定词调优，并对核心词进行排名竞争；

b. 中部及以下客户，优先保证关键词的精确性，并通过短语精确包含覆盖成本更低的相关关键词。

（5）账户搭建：针对大量的尾部客户或者对于快速获取流量的客户，可以使用自动搭建的功能，后期再进行效果的逐步优化，从而节约时间成本，快速获得效果。智能搭建方法如下：

①选择营销目标；

②添加业务、地域、时段、网址、预算（见图6-11）；

图 6-11 添加业务、地域、时段等

③系统自动产出（见图 6-12）。

图 6-12 系统自动产出

> **应用案例**
>
> **金地新家入驻百度营销会员，线索量提升至 3 倍**
>
> **1. 营销背景**
>
> 金地新家是上市房企金地集团的自营家装品牌，具有 34 年家装经验、国家甲级施工资质，专注全屋健康整装，涉及从设计、装修主材、辅材到施工、质检、环保交付、10 年质保的一系列全包装修服务。
>
> **2. 营销目标**
>
> 该客户从 2019 年加入百度营销，为了更好地服务于区域城市用户，提供行业相关精品服务，该客户在 9 月与百度本地生活合作，旗下 4 家线下门店可购买本地会员服务，分别位于深圳、武汉、广州、西安。

3. 营销方案

（1）直营门店，一次性集中入驻，便于关注日常店铺效果和管理；

（2）重点关注店铺物料运营，从基础达成运营门槛再到成优质门店（质检分98分）；精细化服务运营（及时接听/评价管理），提升店铺服务分，获取更多流量曝光展现；

（3）积极试用产品功能，多样式运营门店样式（表单模块/优惠活动）。

4. 营销效果

店铺同时投放广告，入驻本地生活会员后，在广告预算持平的情况下，整体核算百度渠道的线索转化效果（见图6-13）。

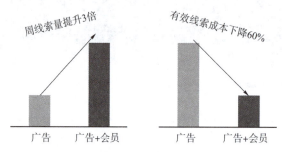

图6-13 百度渠道的线索转化效果

【问题】

1. 金地新家如何进行搜索引擎营销？
2. 金地新家为什么要采用这样的广告营销策略？

2. 社交媒体——腾讯官方投放社交广告

腾讯社交广告包括微信广告、QQ客户端广告、QQ空间广告、QQ浏览器广告、腾讯联盟广告和应用宝广告六种，覆盖了用户移动生活所必需的各类应用，贯穿用户每日24小时真实生活。腾讯广告首页如图6-14所示，广告投放过程如图6-15~图6-21所示。

图6-14 腾讯广告首页

项目六 互联网广告营销

图 6-15　新建广告

图 6-16　新建广告推广计划

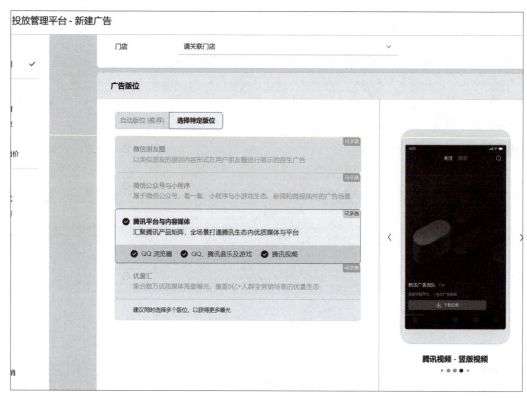

图 6-17　选择广告位

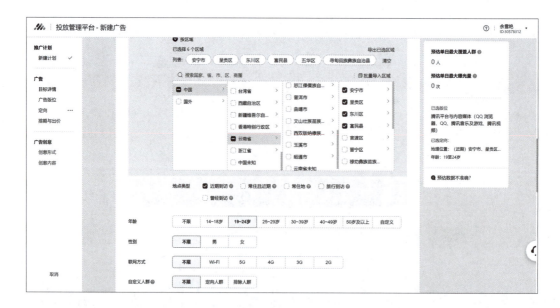

图 6-18　填写广告投放地区

项目六 互联网广告营销

图 6-19 上传广告视频或图片

图 6-20 设置投放时间与出价方式

143

互联网品牌营销

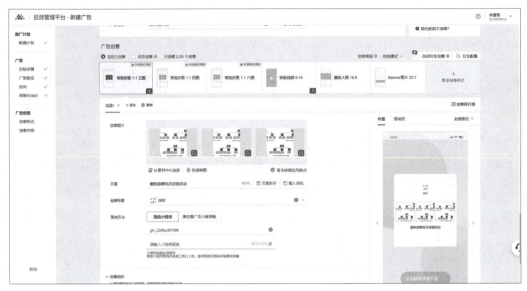

图 6-21　填写程序信息

> **应用案例**
>
> ### 毕业季主题微电影共创，OPPO 携 KOL+创作者圆梦去野清单
>
> **1. 背景描述**
>
> 每年 6 月，不仅仅是高考生的毕业季，更是所有人脑海里对于毕业最美好的回忆，一起奋斗的日和夜，同学间纯粹的友谊，一场毕业旅行……借由这个夏天，腾讯视频携手 OPPO Reno 共同策划一场特殊的"毕业"之旅（其宣传海报见图 6-22），勾起所有人只属于 6 月和毕业季的美好记忆。
>
>
>
> 图 6-22　"毕业之旅"宣传海报
>
> **2. 广告目标**
>
> （1）从微电影整体概念、调性上与品牌"青春无敌，勇往直前"内涵相结合；
>
> （2）短片剧情演绎中，自然植入产品及产品主打卖点；
>
> （3）通过短视频征集赛中达人、短视频创作者的参与，产出 UGC 内容，扩充传播声量。

3. 目标受众等分析

毕业生、初入职场白领群体。

4. 执行方法

微电影制作：

(1) 片名：《毕业去野清单》。

(2) 物料：2 分钟微电影正片+15 秒微电影预告片+1 张主题海报+4 张剧照。

(3) 故事简介：夏天是毕业的季节，大学毕业生们或摸索着走向社会，或一心向学准备深造，或还在忙于学业……小敏和她的好姐妹们，也在今年夏天迎来了属于自己的毕业季，一次偶然的机会想起一起毕业旅行的约定，她们去探索海洋馆、去露营地举办属于自己的派对，留下了最明媚的记忆……

(4) 渠道：面向腾讯视频和微信视频号的旅游生活、影视纪录片品类创作者发起短片征稿大赛。

(5) 激励：设立 3 万元活动奖金和 OPPO 手机大奖激励创作者积极参与。

5. 推广传播

(1) SNS 官号：腾讯视频官方微信视频号，腾讯电影官方矩阵号（微博、微信视频号、快手、小红书）、品牌官方微博和视频号，联动推广；

(2) 定向邀请：定向邀请 5 名创作者使用品牌产品进行定制化视频创作，覆盖旅行、生活和纪录片品类，定制品牌短视频，并在腾讯视频、微信视频号、企鹅号、微视等多渠道发布；

(3) 运营资源：腾讯视频 PC 端——电影频道焦点图，电影频道首播影院，电影频道自制电影；腾讯视频 App——开屏，电影频道焦点图，电影频道定制 IP 位，电影频道焦点图，电影频道重磅热播小图，电影频道首屏重磅文字链，腾讯视频创作者中心活动 Banner，密集爆发，形成大曝光。

6. 效果数据

(1) 任敏主演的《毕业去野清单》微电影+同名主题挑战赛，腾讯视频站内累计资源曝光量超 2 亿；

2) 征稿大赛运营 30 天，腾讯视频和微信视频号两端短片征集大赛收获投稿 210 条，覆盖生活、影视、旅行等各品类创作者。腾讯视频累计投稿数量 150 条，播放量达 80 万次；微信视频号征稿活动主页累计投稿 60 条。

【问题】

1. OPPO 广告的创意是什么？
2. OPPO 为什么要采用这样的广告营销策略？

3. 信息流广告——巨量引擎广告

巨量引擎是一个广告投放平台，比如我们刷抖音短视频、西瓜视频时经常会看到商家投放的广告。其作为营销推广平台，主要是针对企业获取用户线索。抖音巨量引擎首页如图 6-23 所示。

图 6-23　抖音巨量引擎首页

（1）登录巨量广告。

入口：创编链路→完成广告组、广告计划创建→广告创意→原生广告设置。巨量广告设置页面如图 6-24 所示。

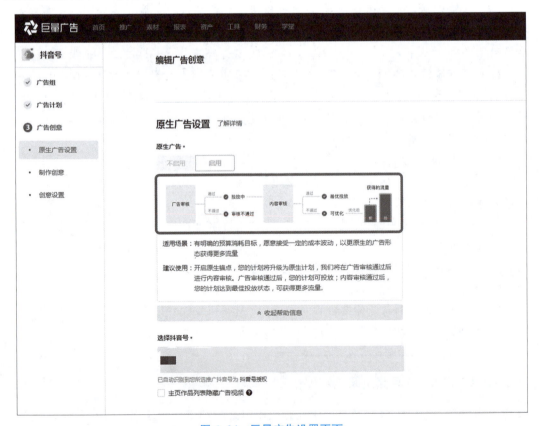

图 6-24　巨量广告设置页面

(2) 创意编辑页面如图 6-25 所示。

图 6-25　创意编辑页面

(3) 锚点管理页面如图 6-26 所示。素材中心原生锚点页面如图 6-27 所示。

原锚点使用管理路径	「企业号后台自挂」或「星图后台达人」已经挂的锚点进行使用。无法在广告创建流程中快速使用。
现锚点使用管理路径	可以在巨量广告平台「素材中心」创建锚点并做管理，能绑定拉取授权「企业号」的锚点资产，调用企业号的能力创建锚点，支持在创编流程中直接选择投放。

当您在「手动选择」环节做锚点筛选更换，或者选择「素材选择」，可跳转到锚点管理位置【素材中心】。

图 6-26　锚点管理页面

互联网品牌营销

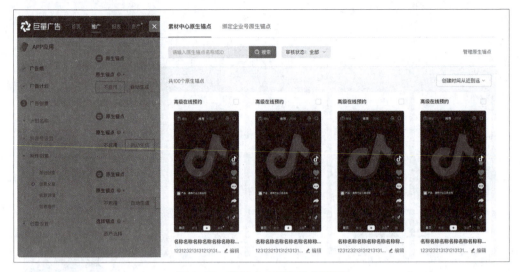

图 6-27　素材中心原生锚点页面

如图 6-28 所示单击"新建锚点"按钮，即可针对需要推广的内容，进行锚点配置。填写内容包括工具类型、工具名称、工具页面配置等信息。

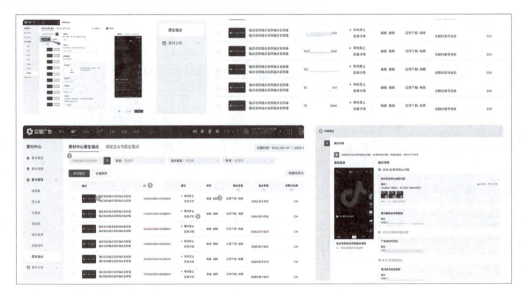

图 6-28　新建锚点页面

应用案例

天猫超市头条广告千万获赞

1. 营销背景

在 2017 年 8 月 3 日召开的天猫商家大会上，天猫超市宣布迎来全面升级。从 8 月开始，将开展以时令生鲜为主题的"天猫超市城市专享日"活动（其海报见图 6-29），全国11个重点城市都可实现新鲜送达。天猫超市小二表示，此次合作无论是地域覆盖、商品调性还是目标受众等，都与"头条美食季之美食每夜"栏目极为契合。

图6-29 "城市专享日"活动海报

2. 营销目标

本次合作将以"美食PGC（专业生产内容）—巨量引擎主阵地视频分发—天猫超市落地销售"这样的路径，实现"从内容到销量"的全链路营销整合。让品牌找到契合的内容，让PGC实现内容和流量变现，让用户获得优质的短视频，实现多方共赢。

3. 营销策略

（1）优质PGC创作。巨量引擎汇聚8位在美食领域拥有强大影响力和优秀内容创作能力的PGC创作者，产出30条美食短视频。在短视频内容的创作上，天猫超市仅将平台营销主题和主推商品等信息给予PGC创作者以方向建议，在具体内容创作上充分相信PGC创作者的专业度。

（2）品牌多维植入。30条美食主题视频中，4条视频根据天猫超市传播主题进行定制；8条视频进行了天猫超市的深度植入；18条视频进行了天猫超市的包装展示。通过系列短视频，美食用户对天猫超市产生了深刻印象。

（3）全链路整合营销。本次合作以"美食PGC生产内容—巨量引擎主阵地视频分发—天猫超市落地销售"这样的路径，实现"从内容到销量"的全链路营销整合。天猫超市的品牌也得到了充分的展现和融入，品牌展示、深度植入、内容定制等合作模式均得以实践。

4. 营销效果

8月美食季，围绕美食制作主题，共产出4条主题视频、8条深度植入视频、18条包装权益视频，总播放量超3 000万，评论数超6 000，点赞数超1.4万。

互联网品牌营销

【问题】
1. 天猫超市巨量广告获赞的关键是什么?
2. 天猫超市广告营销的具体流程是什么?

 学有所思

根据你对互联网广告的学习,想一想企业是如何进行互联网广告策划和设计的。

自学检测

1. 单选题

（1）网络媒体与传统媒体的最大区别是（　　）。

　　A. 广告费用　　　　　　　　　　B. 广告效果统计分析

　　C. 广告收益　　　　　　　　　　D. 广告效率

（2）（　　）是销售力的前提。

　　A. 创意力　　　B. 销售力　　　C. 沟通力　　　D. 思辨力

（3）媒体的使用频率不高、在广告媒体组合的整个策略中被运用于辅助性发布和传播的媒体称为（　　）。

　　A. 非主体媒体　　B. 主体媒体　　C. 网络广告媒体　　D. 电视广告媒体

（4）广告口号中（　　）的表现类型，有一个优点是能使广告受众很容易地明白其意，而再一品味，又觉其中有着无穷的意味，看似平实其实内涵丰富。

　　A. 普通形式　　B. 联想形式　　C. 幽默形式　　D. 特殊形式

（5）选择（　　）广告媒体，就是选择了以语言为主要诉求工具。

　　A. 杂志　　　B. 广播　　　C. 电视　　　D. 报纸

（6）（　　）是指直接向消费者推销产品或服务的广告形式，运用各种途径和方式，将产品的质量、性能、特点、给消费者的方便性等进行展示，唤起消费者的消费欲望，从而达到广告目的。

　　A. 商业广告　　B. 非商业广告　　C. 产品促销广告　　D. 形象广告

（7）（　　）是指直接向消费者推销产品或服务的广告性形式。

　　A. 观念广告　　B. 产品促销广告　　C. 商业广告　　D. 非商业广告

（8）（　　）也称广告尾文、广告随文。在广告正文之后向受众传达企业名称、地址、购买商品或接受服务的方法的附加性文字。

　　A. 广告标题　　B. 广告正文　　C. 广告附文　　D. 广告口号

（9）（　　）是与众不同的首创，是广告人在广告运作过程中赋予广告运动和广告作品以独特吸引力和生命力的与众不同的力量。

　　A. 真实性　　B. 有效传播　　C. 原创性　　D. 趣味性

2. 多选题

（1）广告创意策略有（　　）。

　　A. 品牌形象策略　　B. 定位策略　　C. USP 策略　　D. 定价策略

（1）网络媒体与传统媒体的最大区别有（　　）。

　　A. 广告费用　　　　　　　　　　B. 广告效果统计分析

　　C. 广告收益　　　　　　　　　　D. 广告效率

（2）网络广告目标策划：（　　）是销售力的前提。

　　A. 提供信息　　B. 诱导购买　　C. 提醒使用　　D. 思辨力

(3) 互联网广告投放的方式有（　　）。

A. 利用自有媒体投放　　　　　　　　B. 直接投放

C. 互联网广告媒体　　　　　　　　　D. 电视广告媒体

(4) 互联网广告计费方式（　　）。

A. CPC　　　　　B. CPA　　　　　C. CPM　　　　　D. CPD

3. 思考题

(1) 互联网广告的主要优势是什么？

(2) 互联网广告创意包含哪几种？

(3) 根据你的了解，互联网广告策划注意事项有哪些？

答案

项目实训

任务一　学习互联网广告设计策划

> **案例材料**

康辉旅行社旅游线路互联网广告设计策划

1. 项目背景

康辉旅行社针对云南旅游项目，为热爱旅行的大学生人群提供优质旅游路线。旅行社希望借助网络平台对线上市场进行整体把握，针对云南本土旅游市场进行深入分析，通过网络口碑营销的方法，力求在竞争日益激烈的云南旅行社市场中，实现企业利益最大化和品牌的可持续发展，积极寻求企业品牌的跨越。康辉旅行社网站实行实名注册（注册信息包括所在学校、专业、兴趣爱好等个人信息），便于用户根据自己的一度二度人脉、兴趣等因素查找好友信息，从而保证提供信息的精确性、网站提供服务的可靠性。

（1）大学生旅行业市场分析。大学生仍属于低消费一族，他们的日常生活费用主要来源于家庭，经济上主要依赖父母。所以对于大学生而言，在现阶段旅游消费仍属于奢侈消费，旅游消费心理预期和目前旅游产品价格体系相比，有较大的数据差异，潜在需求的转化受价格约束明显。他们渴望外出旅游，但由于经济来源的制约，对旅游的条件要求一般不高，讲究经济实惠，特别是吃、住方面只要得到基本满足即可。

①注重旅游经历。大学生长期在学校生活，对外面的世界充满好奇，旅游中的各种经历都是他们津津乐道的事，所以他们更加注重旅游过程中的经历和感受，更享受与人分享的乐趣，旅游或以会友为目的，或以收获知识为目的，旅游的性价比必须达到期望值。

②旅游时间比较集中。大学生的主要任务是完成学业，因此只能利用课余时间旅游。而他们的闲暇时间主要是周末、节假日以及寒暑假。假期时间长短直接影响了大学生对旅游目的地等其他关键因素的选择。

③旅游目的地的选择以短期、邻近地区、自然风景类为主。由于在校大学生受经济、时间等条件的限制，他们的出游多以短期、到邻近地区为主。《中国旅游报》对北京高校的专项抽样调查显示，大学生选择出游天数以2～4天为主，其比例高达74.7%。因大学生生活经历少，对学校和家庭以外的事物新奇，他们旅游时多选择与日常生活反差较大的自然风景类旅游目的地。

④出游方式以自组群体为主。大学生的自我意识和独立意识较强，外出旅游多不愿受限于既定的旅游线路和旅行社的行程安排，喜欢自己设计个性化的线路。最理想的方式当然是自组群体。有关调查也证实，大学生去外地旅游喜欢结伴而行，人数组合以2～7人居多，达到74%，其性别构成是两性搭配占绝大多数。

（2）康辉旅行社的 SWOT 分析。

①优势。

- 品牌优势得天独厚

康辉旅行社是云南旅行社中精准定位的旅行社，针对人群是大学生。这一群体年轻有活力，旅行社能够迅速通过网络将新产品介绍给这一群体。

- 产品研发和创新能力优越

康辉旅行社在产品研发和创新方面施行"人无我有、人有我变"的差异化营销路径、积极开发旅游线路，对产品和市场具有敏锐的分析能力，能够根据市场需求建立自己的网站。

- 旅游、票务、酒店一站式服务

"康辉"旅行社拥有国内航空客运代理资质，铁路售票资质；此外，还可为旅客代办酒店预订业务，从而实现旅游、票务、酒店一体化经营。

②劣势。

- 品牌知名度未知

旅行社对于品牌的经营是旅行社成长的重要环节，而康辉作为新成立品牌只有老品牌的扶持而无新品牌的市场知名度。如何尽快解决这一问题，建立完善、先进、持续而高效的品牌推广体系是现在该品牌面临的问题。

③机会。关于资源市场，国家旅游局的政策导向主要集中于两点：一是"大力发展国内旅游市场"，二是"重点促进休闲游市场"。这一方面是为了适应旅游市场实际需求的扩大，另一方面更是为了配合"扩大内需""社会主义新农村建设"的发展战略需要。

从旅游市场发展趋势来看，康辉旅行社面临的发展机遇主要有五个方面：

a. 政策支持旅游业做大做强；

b. 消费市场扩大带来新的商机；

c. 景区同质化使其对渠道依赖加深；

d. 国内旅游人数逐年上升，市场潜力巨大；

e. 旅行社可选择合作方式增多。

④威胁。

云南本土旅行社不断增加，外资旅游企业增加，准入门槛的降低无疑会吸引更多外商投资。外资旅行社在产品和包装方面的优势、资本与运作经验方面的优势，将使本土旅行社面临较大的冲击和经营压力，因此本土旅行社还需在品牌、管理及服务水准方面进一步努力，整合上下游资源、深耕本土特色产品，扩大市场营销力度，否则不是退出市场，就是成为人家的"零售商"。

与此同时，云南一部分旅行社品牌意识觉醒，高速品牌运营和推广对康辉形成一定的冲击。

2. 品牌发展战略

这是一个品牌竞争的时代，品牌对企业而言无疑是最大的竞争力。康辉旅行社当下应尽快梳理自身品牌，而品牌建设的首要任务是科学提炼品牌概念，品牌概念提炼精准与否直接决定着品牌建设的成败。通过市场和行业的分析，康辉旅行社初步提炼出了该品牌的概念。

（1）品牌定位：云南省大学生旅行一站式服务机构。

（2）服务定位（功能定位）：云南省旅行一站式服务。

（3）品牌主张：年轻旅游 便捷旅游。

阐释：康辉旅行社在旅游线路的策划上追求本之特色、精品路线；在服务上追求一站式服务，即旅游、票务、酒店一体化运作，让出行更便捷。

3. 互联网广告营销（战术）

康辉的首要问题是在云南旅行市场中确立其差异化的品牌形象，即把康辉打造成为"云南大学生旅游一站式服务机构"。形象识别、理念识别、视觉识别均统一对外。

4. 互联网广告推广意见

互联网广告的两个重要任务：一是树立良好的企业和产品形象，提高品牌知名度、信誉度和特色度；二是最终要将有相应品牌名称的产品销售出去，建议品牌策划人员将品牌的发展流程化，符合品牌成长周期的规划。

【问题】

针对云南康辉旅行社目前需要开发的新路线，列出合理的互联网广告策划设计方案。

学习指导

通过案例材料的介绍，根据云南康辉旅行社目前所面临的实际问题进行信息的整理，梳理互联网广告营销的具体流程应如何实施。这一部分，有助于培养学习者的流程化思维、精细化思维，能够结构化地去理解互联网广告营销设计流程中关于战略思路的部分。该部分的学习过程由策划者进行部分设计，学习者可根据自己的考虑进行补充。

任务操作流程：

（1）互联网广告方案的目的分析与拆解；

（2）根据目的选择互联网广告渠道；

（3）互联网广告平台的选择与搭建设计；

（4）互联网广告策划设计。

小试身手

活动1. 根据资料的内容分析康辉旅行社对旅游路线进行互联网广告宣传的目的，应该通过哪些步骤来达到这一目标。同类广告调研如表6-5所示。

表6-5 同类广告调研

序号	目标	广告媒介	适合人群	广告创意
1	例：康辉旅行社	（1）社交媒介； （2）搜索引擎； （3）新媒体	20~30岁青年 30~50岁中年	通过撰写旅游故事
2	云南昆明爱游旅行社			
补充				

互联网品牌营销

活动 2. 选择合适的广告形式（见表 6-6）：根据营销推广的路径设计合理的广告推广形式。

表 6-6　选择合适的广告形式

序号	推广方式	思考	平台选择
1	例：搜索引擎	（1）搜索引擎营销，需要建立自己的官方网站（利于 PC 端用户）和微信公众号（利于移动端客户）； （2）对开展的旅游线路进行宣传，吸引目标消费者，在目标消费者出现的互联网平台上寻找广告机会	（1）官网； （2）文章撰写； （3）云南各论坛、各旅行网站、门户网站贴片做广告
2	社群	产品宣传册及单页通过母公司品牌铺到终端渠道，使目标消费者接触，此处应该设计部分线下的拉新活动，由于这部分属于线下市场营销部分，我们仅作为思考，不作为具体品牌营销方案实施	（1）微信； （2）微博、博客； （3）QQ 聊天
3	新媒体	由意见领袖、大 V、网络红人等进行推荐，做好产品官方发布、预热、引导、承接、活跃气氛等相关工作，能够产生自宣传与他宣传互动的方式，共同做好活动宣传与流量转化	（1）抖音； （2）快手； （3）自媒体（文字、视频）
4	门户网站	策划一系列的文化与旅游相结合的活动，在官媒及用户流量较大的平台发声，通过吸引、转发、分享、裂变的方式拉新达到品牌宣传的目的	官网、微信公众平台、互联网新闻媒体、微博等
5			

活动 3. 调研广告费用与展示位（见表 6-7）：根据营销平台的选择，考虑好每一个平台搭建的需要点、将平台推广的内容进行简要的设计。

表 6-7　调研广告费用与展示位

序号	平台	平台定位	展示位	展示方式	广告费用
1	官网	高	百度首页	文章 CPC（每次点击费用）	5 000 元/CPC

活动 4. 广告策划与设计（见表 6-8）：根据平台的搭建与设计内容，结合平台各自的特性，做好平台的广告策划。广告效果预测如表 6-9 所示。

表 6-8 广告策划与设计

序号	平台	广告策划
1	官网	（1）网站品牌、公司、产品信息介绍； （2）根据核心关键词"云南旅游"做好长尾关键词的序列扩展，并根据关键词做好网站内文章的更新，文章内容可以界定为与旅游、行业、公司、品牌相关的原创，每周定为 2~3 篇，帮助搜索引擎收录； （3）做好关键词为核心的搜索引擎广告竞价
2	微信公众平台	（1）建立公众平台，由于旅游产品需要进行衔接，"服务号"与"订阅号"均可，后期再考虑嫁接第三方平台或微商城平台； （2）微信公众号的运作分为三部分：拉新、分裂、维护。"拉新"阶段通过活动或者红包迅速做大"粉丝"量，从"粉丝"中筛选出适宜的用户进行分裂，根据公司的产品不断地执行拉新的分裂操作。做好客户的关系维护，并在后期通过活动或者优惠进行"粉丝"转化
3	微博	（1）定位：做康辉旅行社的内容垂直领域； （2）事务目标：每天 10~20 个小微博，内容与云南旅游相关均可； （3）增加微博"粉丝"数量，去同行的大 V 之中去寻找潜在客户； （4）"粉丝"量增大后，从官方微博引流到微信； （5）维护好"粉丝"并与"粉丝"互动，打造有性格、有个性的微博账号形象； （6）可考虑微博阵群（运营团队人员或工作量满足的情况下开展）
4	自媒体	（1）设计好媒体矩阵，前期可在多个自媒体平台以文字、影音方式宣传公司及产品，优先考虑百家号和企鹅号，一个利于收录，一个自带社交注量属性； （2）抖音账号，拍摄日更； （3）积累"粉丝"，后期做运营； （4）在资金充足的情况下，在产品宣传期间，寻找大 V 进行付费宣传
5	博客	（1）按关键字、关键词做好每周的更新，每周 2~3 篇原创或伪原创均可； （2）官网同步更新
6	各大论坛	仅作为推广手段，对产品、活动信息进行介绍
补充		

表 6-9 广告效果预测

序 号	平台	效果预测
1	官网	浏览量；跳转率；流失率；转化率
2	微信公众平台	阅读量；点赞数；收藏量；转发量
3	微博	阅读量；点赞数；收藏量；转发量
4	自媒体	阅读量；点赞数；收藏量；转发量
5	博客	阅读量；点赞数；收藏量；转发量
6	各大论坛	阅读量；点赞数；收藏量；转发量
补充		

互联网品牌营销

任务二　互联网广告策划方案的撰写

> **学习指导**

通过任务一对案例的分析，我们学习了互联网广告设计方法。实际工作中，开展互联网广告营销需要制订一份完整的计划，这就是互联网广告策划方案。它是在我们思考整个流程后，结合营销方法、互联网应用原则、平台属性、市场、用户等因素，规划出的符合全网营销规则的策略和计划，用以指导整个营销过程的实施。互联网广告策划方案的撰写过程，是将思考的内容流程化，再次梳理的过程。能顺利撰写互联网广告策划方案，表明对于产品的整个互联网广告营销过程都了然于心。

任务操作流程：
（1）认识互联网广告方案纲要；
（2）根据方案模板结合对互联网广告策划的思考进行内容填写。

> **小试身手**

互联网广告方案（见表6-10）撰写：根据方案纲要填充内容。

表6-10　互联网广告方案

_____网络广告方案

一、项目概述
1. 项目情况说明
_____
_____
2. 项目调研实施
_____
_____

二、网络广告策划与设计目标和思路
1. 同类网络广告调研

序号	目标	广告媒介	适合人群	广告创意

2. 选择合适的广告形式

序号	推广方式	思考	平台选择

158

续表

3. 调研广告费用与展示位

序号	平台	平台定位	展示位

4. 广告运营与策划

序号	平台	运营规划

5. 广告效果监测

序号	平台	效果监测

三、人员计划与分配

_____

四、财务预算

_____

五、其他

_____

项目总结

 学习收获

通过对本项目的学习，我的总结如下：

一、主要知识

1.
2.
3.
4.

二、主要技能

1.
2.
3.
4.

三、成果检验

1. 完成任务的意义有：
2. 学到的知识和技能有：
3. 自悟到的知识和技能有：

项目七

搜索引擎营销

▣ 项目介绍

本项目主要讲述基于搜索引擎的网络营销。随着互联网的飞速发展,搜索引擎已成为网络生活的重要组成部分。企业可以通过搜索引擎将网站中的营销信息传递给用户,并不断优化技术,吸引更多人浏览企业网站,让客户了解企业产品和服务,最终达成交易。

▣ 学习目标

知识目标
(1) 了解搜索引擎营销的概念;
(2) 了解常见的搜索引擎营销形式;
(3) 了解关键词营销的概念。

能力目标
(1) 掌握搜索引擎营销的特点;
(2) 掌握搜索引擎营销的分类;
(3) 掌握搜索引擎营销的基本内容并制订营销计划。

素质目标
(1) 培养关键词分类和关键词序列制作的策划能力;
(2) 培养对客户行为的分析和洞察能力;
(3) 培养团队协作和沟通能力;
(4) 树立终身学习的理念。

互联网品牌营销

◻ 知识结构

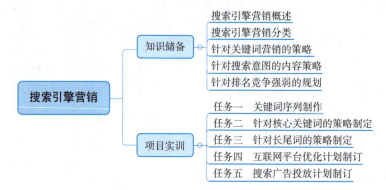

◻ 学习计划

	小节内容	搜索引擎营销的概念	搜索引擎营销策略
课前预习	预习时间		
	预习自评	难易程度　□易　□适中　□难 问题总结：	
课后巩固	复习时间		
	复习自评	难易程度　□易　□适中　□难 问题总结：	

📖 知识储备

模块一　搜索引擎营销的概念

一、搜索引擎营销概述

1. 常见的搜索引擎

搜索引擎是指根据一定的策略、运用特定的计算机程序从互联网上采集信息，在对信息进行组织和处理后，为用户提供检索服务，将检索的相关信息展示给用户的系统。搜索引擎是工作于互联网上的一门检索技术，它旨在提高人们获取搜集信息的速度，为人们提供更好的网络使用环境。从功能和原理上搜索引擎大致分为全文搜索引擎、元搜索引擎、垂直搜索引擎和目录搜索引擎四大类，如图 7-1 所示。

图 7-1　常见的搜索引擎分类

搜索引擎发展到今天，基础架构和算法在技术上都已经基本成型和成熟。搜索引擎已经发展成为根据一定的策略、运用特定的计算机程序从互联网上搜集信息，在对信息进行组织和处理后，为用户提供检索服务，将用户检索的相关信息展示给用户的系统。

> **课堂讨论**
>
> >>>议一议：请你举例说明，你在生活当中，使用过哪些搜索引擎，它们帮你解决了什么问题。
> _____
> _____

2. 搜索引擎营销的概念

搜索引擎营销是基于搜索引擎平台而开展的网络营销，是利用用户对搜索引擎的依赖和使用习惯，将检索的信息传递给目标用户。搜索引擎的基本思想是让用户发现信息，并通过点击进入网页，进一步了解需求，通过引擎推广，让用户直接与企业客服进行交流，从而促成交易。由于搜索引擎具有获客效率更高、目标客户更精准、营销策略多样化等特点，所以搜索引擎营销已经逐渐成为各大中企业的首选线上营销形式和途径。

互联网品牌营销

要真正发挥搜索引擎营销的作用，提升产品或服务的成交率，降低运营成本，那就不得不提到搜索引擎优化（Search Engine Optimization，SEO）。SEO按照搜索引擎的检索规则对网站进行内部调整及站外优化，以使网站满足搜索引擎的检索规则且对用户更友好，从而使网站更容易被搜索引擎收录，提升其在搜索结果页中的排名，并为网站带来更多的免费精准流量，产生直接营销行为或者品牌推广效果。

3. 搜索引擎营销的特点

（1）搜索引擎的用户群体庞大。随着中国移动互联网的高速崛起，截至2022年12月，我国活跃网民数量达到10.67亿，相比2021年年底，提升2.6%，其中搜索引擎用户规模达到8.29亿，占网民总量的77.7%。庞大的用户群体保证了企业产品和服务的曝光度，奠定了搜索引擎营销的基础。

（2）投资回报率高。搜索引擎营销具有成本低廉的特点，通过搜索引擎优化，可以自然提升网站的排名。另一种是通过点击付费的方式进行，进一步提升目标客户精准度。相比传统的营销策略，企业可以更精准、更高效、更低成本地找到目标客户，促成交易。

应用案例

字节跳动的企业技术服务平台——火山引擎

2020年6月22日，北京字节跳动科技有限公司上线了企业技术服务平台——火山引擎。火山引擎是字节跳动旗下的企业级智能技术服务平台，致力于智能运用、视觉智能、数据智能和多媒体技术等领域为用户提供技术服务。

1. 大数据

大数据能从海量的数据中快速获得有价值的信息。智能推荐是大数据的典型应用，原理是基于大数据记录，经过数据分析和整合后，由经验丰富的算法团队基于用户的应用场景形成个性化推算。火山引擎的智能化推荐领先于大规模机器学习和个性化推荐技术，结合字节跳动在信息咨询、视频直播、社交、电商等多个领域的数据积累，为客户定制引导案例。个性化推荐的应用场景主要包括电子商务网站的首页、分类页、详情页、购物车页面、聊天页、个人中心页等具有推荐栏位的页面；个性化搜索的应用场景主要包括个性化联想词、搜索结果页推荐；个性化推送的应用场景主要包括App、短信、邮件等渠道的个性化内容推送。这些都能够为各大企业带来更加准确的用户定位，以及精准转化。

2. 人工智能

人工智能是研究和开发用于模拟、延伸和扩展人的智能的理论、方法、技术及应用系统的新的技术科学。火山引擎的视觉智能就应用了人工智能，其可以精准进行人体识别、物体识别、通用文字识别、图像识别、语音识别等。

新时代、新技术推动着企业不断创新改革，有创造力的企业更会利用新技术提升自己的竞争力。火山引擎依托字节跳动强大的技术支持，融合了字节跳动内部的技术能力、企业理念与功能，为各大企业提供了数字化转型的快捷途径，使其与其他企业形成差异化优势。对电子商务领域来说，技术更是支撑其发展的关键，特别是近年来，随着互联网、云计算、大数据、人工智能等技术的发展，电子商务也被推向了数字化转型的高峰，传统零售商的数字化运营、新零售的发展等都是典型的代表。

【问题】
火山引擎的出现说明了什么问题？

（3）营销信息实时更新。随着企业产品和服务的迭代升级，相关营销信息也需要及时更新，确保目标客户能第一时间了解到相关信息，加深客户对产品和服务的认可。搜索引擎营销的方式，只需要对网站等进行一次更新，所有用户端信息都会同步更新。

（4）客户更精准。用过搜索引擎引流的客户，几乎都是客户通过实际需求的关键字进行网站搜索，所以客户对关键词所表述的产品和服务有明确的需求，因此更容易快速达成交易目标。

4. 搜索引擎营销的步骤

（1）明确客户群体。根据公司产品或服务找到潜在的客户群体，是搜索引擎营销中至关重要的工作，是整个营销成功的决定性因素。所以如何精准识别目标客户，显得尤为重要。在大数据时代，通过一些技术手段，将客户的习惯、行为和属性贴上标签，抽象客户的特征，更容易将真实客户进行虚拟表现。

> **知识牵引**
>
> 客户群体分析步骤如下：
> （1）深挖产品的强势卖点；
> （2）找准客户痛点，建立感情共鸣；
> （3）定位目标客户的属性（如年龄、性别、地区、兴趣、学历、消费倾向、消费能力，等等）；
> （4）细分需求客户（如品牌、价格、性能、服务、核心功能，等等）；
> （5）绘制目标客户画像，进行精准营销。

（2）确定搜索引擎平台。完成目标客户画像之后，则需要根据画像，确定营销的搜索引擎平台。通过对大量用户行为和偏好的分析，确定最终的营销平台，确保营销引流，精准直达目标客户，提升营销成交率。

（3）制定营销方案。营销方案是一项综合的、系统的、全局的工作，需要营销策划人员具备敏锐的市场感知能力，能抓住产品和客户，打通信息流通的壁垒，强化客户对产品的认同和接纳。同时，网站建设的专业水平、网站的功能和结构等因素，都和网站推广策略和网站推广效果直接相关，在推广策略上，要重点关注关键词计划。

（4）实施营销方案。制定营销方案后，就需要营销人员严格按照既定的方案，执行营销策略。根据营销方案执行情况，不断发现过程中存在的问题，并及时优化和调整。营销

> 互联网品牌营销

策略主要围绕排名竞价、网站内容两个方面进行灵活调整，以确保营销效果最大化。

（5）营销成效评估。营销成效评估，有利于企业更清楚产品与客户的契合度，通过对大量营销数据的分析，可以清楚地看到该营销方案的合理性和继续执行的价值性。同时，通过客观准确的分析，找到营销中存在的盲点，通过动态的、实时的营销策划优化，进一步提升营销收益。同时，营销成效评估的频率，应该尽可能详尽到每天检测与分析，形成连续性的分析数据，更利于客观准确地进行效果评估。

二、搜索引擎营销分类

1. 搜索引擎营销的分类

搜索引擎营销是当前最主要、最高效、最便捷的网站营销手段之一，特别是基于搜索结果的搜索引擎的推广。由于很多搜索结果页展示都是免费的，这更吸引了众多企业，将搜索引擎营销作为自己的产品或服务的重要营销渠道。根据营销方式的不同，搜索引擎营销主要分为搜索引擎优化（SEO）和每次点击付费（CPC）两种形式。

2. 不同搜索引擎营销的对比

（1）运营成本不同。SEO 除去前期网站设计开发的成本，后期运营的成本很低，而且进入网站的流量也是免费的。CPC 是根据网站的实际点击量收费的，在搜索结果页会靠前显示，网站被点击的概率会更大，因此企业在做 CPC 的时候，相对来说，成本会高很多。

（2）获客精准度不同。由于 SEO 是根据对网站和网页的优化，来提升网站在自然搜索结果中的排名，以获得客户的点击，所以网站和客户的匹配度不是很高，针对性更低。从成交率来看，SEO 初期，成交量相对较低。CPC 是通过关键字搜索，将有确定需求的客户，引流到网站，营销性更强。这在关键字规划上，对 CPC 的运营人员提出了更高的要求。

（3）时间成本不同。SEO 是依托搜索引擎的自然流量来吸引客户，所以前期 SEO 并不能产生非常明显的营销效果。但是随着时间的推移，网站在搜索引擎结果中的排名会逐步靠前，流量也会随之增多，营销的成效会慢慢凸显。因此，从时间成本来考虑，SEO 明显不是最优选择。相反，CPC 则是实时生效的，可以为网站带来及时的、大量的流量和转化。

> **知识牵引**
>
> 对于 SEO 和 CPC，到底该如何选择？
>
> 虽然在很多方面，两种营销形式看似对立，实则相辅相成。企业在做搜索引擎营销的时候，应该将两种形式有机结合起来，可以通过 CPC 获得精准流量，进行数据分析，然后对网站进行有针对性的优化，即可覆盖一个关键字的大多数流量。最终营销策略的制定，还要考虑企业的运营预算、人员配置等客观因素。

模块二 搜索引擎营销策略

一、针对关键词营销的策略

1. 关键词营销的概念

关键词（Key Words），可以理解为我们给网站贴上的一个特殊标签。这些标签有利于让潜在的客户群体通过搜索引擎进入网站。关键词的本质就是网络搜索的索引，合理地设置索引，可以让我们更快、更高效地找到自己需要的信息。所以关键词的设置，直接关系到网站的流量，进而决定了产品或服务的成交情况。

2. 关键词的分类

（1）目标关键词。比如我们在京东上搜索"桌子""笔""手机"等，说明客户并不是非常清楚自己的需求，会在众多的结果中进行反复比较。这样的关键词精准度并不高，对于进入网站的流量转化难度较大。所以在制定关键词营销时，不建议单独使用这类词。

（2）长尾关键词。长尾关键词是基于目标关键词的进化，在目标关键词的基础上进一步明确需求，如"木质小课桌""黑色签字笔""华为手机"等，所以这类关键词目标性更明确，有利于提高客户转化率。但长尾关键词也存在一些不足，比如词量比较大、搜索量较小等。所以，需要在营销实施过程中，不断优化长尾关键词组合。

（3）借力关键词。借力关键词主要是通过分析热门事件确定关键词，也可以是借助知名同行的力，达到提升网站搜索频率和结果排名的目的，如果被借助的关键词热度消失，我们的营销策略也要随之改变。但是，不能盲目使用借力关键词，结果展示页一定要与被借力的关键词内容相关，否则容易让客户理解为欺骗和盗用，进而引起客户反感。

（4）核心关键词。所谓核心关键词，就是从企业的核心产品或服务衍生出来的关键词。作为核心产品，在销量和竞争力方面，占有绝对优势。对于核心关键词，并不是热度越高越好，而是和企业的产品或服务的关联度越高越好，这样引流的客户就会更精准。比如众多电商商家，都会打造自己的爆款或者引流产品。百度"云南旅游"关键词示例如图7-2所示。

图7-2 百度"云南旅游"关键词示例

3. 关键词营销策略

（1）从用户角度考虑。要从营销角度看关键词的设置，关键词营销的对象是客户，充分了解客户的特征、爱好、习惯等，对于关键词设置非常重要。一般来说，可以从以下三个方面来分析：

①搜索习惯。用户的搜索习惯，可以理解为客户在搜索引擎中检索信息时使用的关键词的形式。用户在搜索时，使用不同的关键词表述方式，会得到不同的结果，对于同样的内容，如果网站的关键词形式与用户搜索的关键词形式不一样，则结果的相关性就会大大降低，甚至不会出现在结果页。搜索习惯关键词示例如图7-3所示。

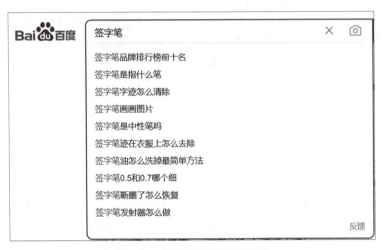

图7-3　搜索习惯关键词示例

②浏览习惯。客户在浏览网站时，主要注意力都集中在目标内容上，但是大多数时候，目光都在无意识地、快速地扫描页面的其他内容，以找到更需要的内容。在这个过程中，如何让企业网站的内容，更容易、更大概率地出现在客户眼前也是非常重要的。通过研究发现，人类的视觉轨迹几乎呈现"F"型（见图7-4）。根据这个习惯，企业的运营策划人员，就要在设计网站内容时，充分运用这个规则，提升网站的曝光度。

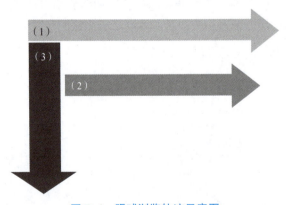

图7-4　眼球浏览轨迹示意图

（2）从对手角度考虑。当我们不清楚应如何设置自己网站的关键词时，可以考虑从竞争对手的营销策略进行分析。摸清竞争对手的关键词及布局,有利于自己找到漏洞并进行优化,还能掌握当前关键词的热度。

> **知识牵引**
>
> 从竞争对手确定关键词的方法如下:
> (1) 在搜索引擎中搜索同类产品或服务的关键词,重点查看排名前10的网站,优化关键词,并进行对比分析;
> (2) 可以通过黄页网站或其他目录网站查询同类产品或服务的公司信息,仔细分析这些公司的关键词,找到热度较高的关键词;
> (3) 可以在B2B的网站上寻找目标客户的信息,分析客户信息中所涉及的关键词,并将这些词与现有关键词进行对比分析。

(3) 确定关键词。在完成前两步的基础上,就可以开始分析、确定自己网站的关键词了。基于前面两个步骤的分析和整理,我们基本可以确定自己网站的关键词范围。基于这些关键词,我们要进行进一步整合、加工和优化,深入分析客户的表述习惯,重新组合关键词。同时,基于搜索引擎的策略,为保证能更大概率地被搜索到,还需要确保关键词尽可能多地出现在页面中。

(4) 关键词扩展。核心关键词确定之后,就可以扩展关键词了。一般来说,扩展出的关键词,都是搜索频率很高的词组。对于一个新网站来说,这些关键词是至关重要的。

> **知识牵引**
>
> 拓展关键词的方法如下:
> (1) 使用关键词工具,如谷歌关键词、百度指数、追词助手等,通过搜索关键词,可以显示多个相关性较高的关键词,再通过对相关关键词进行搜索,又可以得到多个关键词,通过多次搜索,就可以得到相对完整、全面的关键词了。
> (2) 使用关键词变体,通过同义词变体、简写变体、相关词变体和错字等方式,尽可能多地覆盖客户的搜索习惯。
> (3) 使用网站流量分析,通过客户的浏览记录,分析客户用什么方式、什么关键词进入网站,这些关键词又可以通过百度指数形成更多关键词。

二、针对搜索意图的内容策略

1. 搜索意图的概念

搜索意图(也称为受众、用户或关键字意图)就是客户搜索的真实目的,暗示了客户正在寻找的自身需求,准确理解客户的搜索意图,可以确保提供给客户的结果是能满足客户真实需求的。

营销策划人员对搜索意图的理解程度,直接影响企业网站的排名以及客户对网站的满意度。对于客户来说,肯定是希望能在搜索引擎中快速找到自己想要的信息、产品或服务,

互联网品牌营销

希望搜索引擎能精确理解自己的目的,所以对于出现偏差的结果,客户往往会很厌烦。通过对大量的客户搜索行为分析,可以大致将搜索意图分为如图7-5所示的类别。

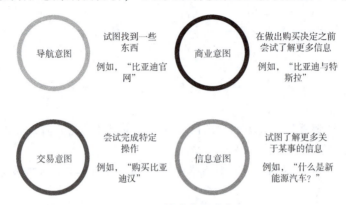

图7-5 搜索意图分类

(1)导航意图。一般来说,客户想要通过搜索引擎找到特定的页面、网站,说明客户已经非常清楚他们需要的内容,对他们来说就不需要通过关键字进行搜索。

例如,客户想要查找华为售后电话,在搜索结果页,就可以直接看到客户想要的信息(见图7-6),不需要再点击链接进入别的页面查看信息。

图7-6 导航意图示例:华为售后电话

（2）信息意图。信息意图意味着客户想通过搜索，学习、了解、掌握某些信息，客户通常将这类搜索表述为问题。经常要到的语义助词，有"什么""哪里""怎么样""好不好"等，表示希望通过搜索引擎得到对应的答案。比如，我们在百度中，搜索"党的二十大什么时候召开"，会在搜索结果页得到准确答案（见图7-7）。

图7-7　信息意图示例："党的二十大什么时候召开"

（3）交易意图。交易意图会传递出明显的结果信号，这种信号不仅限于购买商品，还包括其他内容，比如客户希望完成注册、表单提交、消费目标等操作。这种表述更有利于搜索引擎理解客户意图，结果也更精准。例如，客户想要购买比亚迪汉新能源汽车，客户可能会搜索"比亚迪汉的价格"，搜索引擎就会返回比亚迪汉的宣传界面（见图7-8）。

图7-8　交易意图示例：比亚迪汉的价格

(4) 商业意图。商业意图类似信息和交易的组合体，也就是客户还不确定是否购买时，进行信息搜集、汇总、对比的有效途径。比如，客户想要购买一部手机，但是不确定是购买小米还是购买华为，此时，客户可能会搜索"小米手机和华为手机对比"，搜索结果页就会显示相关对比内容（见图7-9）。

图7-9　商业意图示例："小米手机和华为手机对比"

2. 搜索意图优化策略

(1) 使用问答式文章标题。有明确意图的客户搜索的目的往往是确定最终答案，因此，从搜索习惯来看，这类客户通常会采用问句的形式来进行搜索。比如客户想要购买有助于增高的产品，可能大多数情况下，客户会搜索"如何长高"，那企业用来引流的文章标题、关键字等，就可以是"快速增高5厘米的方法"等（见图7-10）。

图7-10　问答式文章标题示例："快速增高5厘米的方法"

（2）设计良好的着陆页。对于大多数网站来说，所谓的着陆页，就是网站的首页。从设计层面来说，很难做到网站的每一个页面都是着陆页。因此，一个优秀的网站，至少应该具备一个能吸引客户的着陆页（见图7-11），既符合客户的浏览习惯，也包含客户想要的信息，这样就能更进一步提升网站的成交率。同时，要为该着陆页制定优化的关键词，确保它能在搜索结果中拥有更好的排名。

（3）使用行动呼吁。当客户进入着陆页或者推文中，往往需要制定明确的行动呼吁，来引导客户购买产品或访问特定的页面。使用行动呼吁，能在一定程度上提升客户的购买意愿，也能更方便、更快捷地引导客户到达购买付款页面。例如，一篇美妆博客中有这样一句描述："我当初，就是购买了这款产品。""购买"一词，就具有明显的行动呼吁。如果我们给"购买"这个词添加一个链接，当客户点击这个链接后，可以直接跳转到企业产品的购买页面，就可以明显提升产品销量。

图7-11 注册用户着陆页示例

三、针对排名竞争强弱的规划

排名竞争的本质就是竞价推广的结果呈现，它可以帮助企业提高网络曝光度，提升产品的知名度，获得更多网站流量，从而提升客户访问量。根据对用户浏览习惯的分析，对于有多个搜索结果的结果页，客户一般只会关注前三页的结果内容。数据显示，搜索结果页第一页的点击比例是95.6%，进入第二页和第三页的点击比例是4.2%，由此可见，如果我们的网站出现在结果页的第三页以后，则几乎获取不到浏览量，也就无法达成交易目标。

> **课堂讨论**
>
> 我们平时使用搜索引擎查询信息时都有哪些习惯？这些习惯对于运营者来说有什么价值？
>
> _____
>
> _____

1. 明确营销平台

结合企业产品或服务的特点以及企业的运营预算，需要对主流的竞价平台进行分析和对比。不同平台的投入和产出比有着很大的差距，这就需要运营人员具备较丰富的竞价经验，能准确把握产品特点和平台竞价规则。在实际运营中，并不是竞价越高收益越大，通

互联网品牌营销

过高竞价获得第一的排名，往往会产生较多误点，从而产生大量无效的点击成本。很多时候排名第二或者第三的网站，更能吸引客户的关注，相对来说，企业的运营成本也会更低。

2. 多维度实时监测分析

运营人员要实时监测账户的各项数据。对于突然出现的数据波动和异常，要有较高的敏感度，要有对应的响应机制，对关键词、竞价等及时调整和优化，确保竞价推广有稳定的产出能力。

3. 提高用户体验

很多企业在进行推广时，还会在网站上加入客服链接，针对客户需求进行快速响应。这也直接影响着客户的体验感。专业、高素质的客服团队，是企业产品和服务的一张名片。我们要不断对落地页进行优化和调整，瞄准客户痛点，突出产品亮点，促使交易达成。

◨ 自学检测

1. 单选题

（1）下列选项中，关于核心关键词特点的描述错误的是（　　）。

A. 核心关键词一般作为网站的首页标题

B. 核心关键词在搜索引擎中每日都有稳定的搜索量

C. 核心关键词一般由5~6个字或词组成

D. 网站的主要内容围绕核心关键词展开

（2）下列选项中，对长尾关键词的描述错误的是（　　）。

A. 搜索量小　　　　B. 竞争程度小　　　　C. 转化率高　　　　D. 搜索频率很稳定

2. 判断题

（1）长尾关键词一般由两个词语或三个词语组成，甚至是一句短语。（　　）

（2）选择网站关键词时，可以使用一些与网站关键词无关的热门关键词，从而为网站带来流量和转化。（　　）

（3）热门关键词是指近期内搜索量比较大的关键词，很容易获得较高的排名。（　　）

（4）网站通过优化普通关键词才能获得大量的流量。（　　）

（5）冷门关键词的搜索量偏低，但是关键词的量却比较大，用户目标也非常精准。

（　　）

3. 思考题

（1）简述影响关键词优化的因素。

（2）简述关键词的选择原则。

答案

互联网品牌营销

项目实践

任务一 关键词序列制作

案例材料

云南康辉旅行社关键词序列制作

1. 项目背景

云南康辉旅行社是原昆明康辉旅行社有限公司旗下旅行社,由中国康辉旅行社有限责任公司投资,成立于1999年,包含旅游房地产、旅游景点景区、旅游汽车系列、酒店经营管理、领队导游服务、旅游文化传播、商务会议展览、机票预销系统等八项配套业务项目。其中,云南康辉旅行社在2005年营业额超过6亿元,是云南最大的一家旅行社,其公司由9个楼群以及旗下12个子公司组成。中国康辉旅行社有限责任公司以"网络化""规模化""品牌化"为发展目标,致力于"国内成网,国外成链"的建设,日臻完善的全国网络和垂直管理模式形成康辉集团在全国旅行社行业独特的优势,遍布全国及海外的网络及3 000余名优秀员工真诚为海内外旅游者提供全方位的优质服务。云南康辉旅行社在国内旅游市场和国际旅游市场中一直保持着优秀的成绩及良好的信誉,并成为云南省旅游业龙头企业。

(1)云南省内旅行业市场分析。目前我国旅游业主要由旅游代理商、旅游供应商、旅客三个因素组成。旅游方式主要分为散客旅游和旅行社组团旅游两种。云南省是旅游大省,主要经济支柱之一就是旅游业,所以云南省的旅游业竞争激烈。而中国康辉旅行社有限责任公司一直致力于以"网络化""规模化""品牌化"为发展目标,成功让云南康辉旅行社脱颖而出,实现了云南省旅游业的龙头地位,实现了旅游的一条龙服务,为消费者提供了良好的服务,为其塑造了良好的口碑,并结合搜索引擎营销树立了知名度。

(2)云南康辉旅行社搜索引擎营销与传统互联网广告营销的对比。随着互联网的兴起,搜索引擎的用户量日渐庞大,搜索引擎作为人们生活中获取网络资源的主要工具,成为网民获取有用信息、了解相关资讯的重要途径。不管有什么需求,大家想到的第一件事就是上网查一查,许多旅客会会上网查询旅游攻略以及旅行社信息,借助搜索引擎来进行线上营销,流量更有保障,受众也更广泛,而且搜索引擎营销更精准,能实现精准营销引流。与普通互联网广告相比,其可信度更高,而且搜索引擎可视化程度高,每一天的营销效果和数据可以实时查看,这也是云南康辉旅行社选择搜索引擎进行营销的重要原因之一。

2. 搜索引擎关键词

关键词是搜索引擎营销当中最重要的一环,是整个搜索引擎营销的基石,对用户和搜索引擎来说关键词是双方互动的媒介,也是快捷地为潜在客户提供有效信息的主要方式。

（1）关键词分类。关键词特指单个媒体在制作使用引擎时所用到的词语。关键词是搜索引擎营销当中用于索引信息的主要方法之一，就是希望访问者了解产品、服务和企业等具体名称用语。比如"云南康辉旅行社"就是一个关键词，简单明了，就是希望访问者了解云南康辉旅行社的信息。

①关键词从概念上可以分为目标关键词、长尾关键词和相关关键词。

②从页面布局上可以分为首页关键词、项目页关键词、内容页关键词。

③从营销目的上又可以分为直接性关键词、营销性关键词。

（2）关键词的重要性。在搜索引擎营销的整个环节中，关键词的选择也是最为重要的。如果选错了关键词可能会导致无法为潜在客户提供有效信息，进而导致推广失败。

如果选择的关键词完全错误，那么后续所有的搜索引擎推广工作都等于白做。因为如果选错了关键词就可能只有很少流量，就算有较好的排名，但是进行关键词广告投放也无法带来流量。

如果选取的关键词不够准确又不够热门，那这类关键词会导致转化率过低，从而导致订单较少。

3. 搜索引擎营销规划

中国康辉旅行社有限责任公司以"网络化""规模化""品牌化"为发展目的，旗下的云南康辉旅行社也以此为发展目的。通过搜索引擎营销将其线上线下结合起来，打造旅游业线上线下一条龙服务，从而打造出良好的口碑，树立品牌形象。

4. 搜索引擎营销推广意见

搜索引擎推广的重要任务：通过关键词精准定位潜在客户，关键词精准度以及热门度要求高，选择适合自己的主要关键词以及广泛的相关关键词来进行引流，使推广效果最大化。

搜索引擎营销既要以量取胜，又要以质取胜。搜索引擎营销中包含的有效信息才是引流的关键，判断推广效果的依据除了曝光度，还有内容质量的要求。

【问题】

针对云南康辉旅行社搜索引擎关键词的选择，分析该旅行社关于搜索引擎营销的流程。

学习指导

通过案例材料的介绍，学习搜索引擎营销关键词的选择以及搜索引擎关键词序列制作。这一部分的主要目的是让学习者了解到关键词的基础以及关键词的序列制作，该部分的内容有一部分由策划者进行设计，学习者可根据自己的考虑进行补充。

任务操作流程：

（1）认识关键词基础分类；

（2）了解关键词的序列制作。

小试身手

活动1. 认识关键词以及基础分类（见表7-1）。

表 7-1 关键词基础分类

序号	关键词	关键词分析
1	例：云南康辉旅行社	（1）长尾关键词：云南康辉旅行社 （2）核心关键词：旅行社
2		

关键词就是用户在使用搜索引擎时输入的、能够最大程度概括用户所要查找的信息内容的字或者词，是信息的概括化和集中化。

活动2. 关键词的序列制作。

通过挖掘用户需求制作关键词序列表（见表7-2）以供营销人员选择（通过百度指数查询）。

表 7-2 关键词序列表

序号	长尾词	相关词热度
1	例：云南康辉旅行社	（1）云南旅行社； （2）云南省国际旅行社； （3）……
2		
3		
4		
5		

任务二　针对核心关键词的策略制定

学习指导

通过任务一对案例的分析，我们学习了搜索引擎营销的一些基础知识，例如关键词的分类和关键词的序列制作以及组成。在实际工作中，开展搜索引擎营销选择推广关键词的时候，应了解关键词序列的构建和制定策略，通过分析行业来选择适合的核心关键词，进行推广引流。

任务操作流程：

制定核心关键词。

小试身手

活动　核心关键词的制定。核心关键词制定表如表7-3所示。

核心关键词的制定：
(1) 站在客户的角度考虑；
(2) 将关键词拓展成一系列短语；
(3) 进行多重排列组合；
(4) 使用专业概念词语来限定来访者；
(5) 使用地理位置。

表 7-3　核心关键词制定表

序号	核心关键词	关键词制定
1	例：旅行社	(1) 云南旅行社； (2) 云南省国际旅行社； (3) 康辉旅行社
2		
3		
4		
5		

任务三　针对长尾词的策略制定

学习指导

通过任务一对案例的分析，我们学习了搜索引擎营销的一些基础知识，例如关键词的分类和关键词的序列制作以及组成；通过任务二了解了核心关键词的制定。在实际工作中，除了通过核心关键词来对自己进行准确的定位，还需要通过长尾词来提升搜索引擎营销的权重，这样才能让网站在搜索引擎中拥有一个良好的排名。

任务操作流程：

制定长尾词。

小试身手

活动　长尾词的制定。长尾词制定表如表 7-4 所示。

长尾词的制定：
(1) 根据自身业务特点进行尝试；
(2) 使用地域词来制定；
(3) 使用品牌词来制定；
(4) 根据通俗词来制定；
(5) 使用产品词来判定。

表 7-4　长尾词制定表

序号	核心关键词	关键词制定
1	例：旅行社	（1）云南旅行社； （2）云南省国际旅行社； （3）康辉旅行社
2		
3		
4		
5		

任务四　互联网平台优化计划制订

学习指导

通过前三个任务，我们学习了搜索引擎营销和关键词的基础，包括核心关键词和长尾词的制定。在实际工作中，我们既需要运用关键词来引流，还需要通过互联网平台优化来获取较高的排名，以获取较大的潜在用户曝光量，节约推广费用，防止恶意点击。

任务操作流程：

了解互联网平台优化。

小试身手

活动：了解互联网平台优化。

互联网平台优化分为以下几点：
（1）免费优化；
（2）付费优化；
（3）专业类优化，比如代码优化等。
不同的优化具有不同的需求，一般表现为：
（1）站点的整体需求；
（2）程序类需求；
（3）排名类需求；
（4）要害词类需求；
（5）站点录入类需求。
根据自身情况以及需求来制订计划，做好互联网平台优化的计划，对要害词进行合理的选取与搭配，还需要把控外围信息，以及在制订计划时根据自身业务情况对免费和付费平台进行控制，多发展不同的优化合作伙伴或圈子。

任务五　搜索广告投放计划制订

学习指导

通过前四项任务我们了解了搜索引擎营销的基础知识，进行了网络平台优化和关键词的制定，接下来我们要学习制订搜索广告投放计划。首先要对其有所了解，然后制订广告投放计划，以达到良好的广告投放效果。

任务操作流程：

了解搜索广告投放。

小试身手

活动：制订搜索广告投放计划。

一、分析人群定向能力

受行业差异、市场地位、竞争态势、产品生命周期、消费人群特性等因素的影响，搜索引擎营销的目标和策略差异很大，所以在进行搜索引擎营销时应该注意自己的推广定位、目标受众以及推广策略。

（1）用户输入搜索词——系统进行人群识别；

（2）针对不同人群需求差异化出价；

（3）引导至落地页——提升最终转化率。

溢价投放：对符合目标人群设置的人出高价，对非目标人群出原价。通过这种方式对让广告投放到目标人群以外的搜索用户，确保投放ROI（投资回报率）。

限定投放：通过设置目标人群，对目标人群进行原价投放，对目标人群不展示广告，使用限定投放时，广告只展现给符合条件的用户。溢价投放与限定投放如图7-12所示。

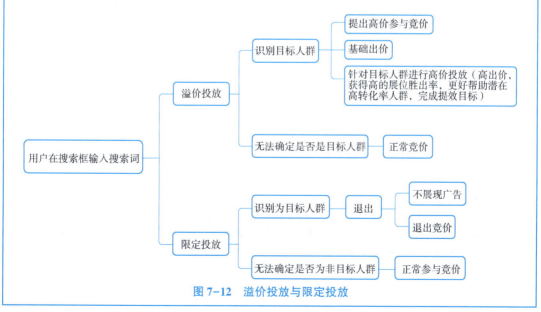

图7-12　溢价投放与限定投放

二、分析关键词和利时数据

根据目标受众划分关键词范围以及分类，筛选出有价值的关键词，达到节省成本、提高效率的目的。

分析关键词的历史数据，通过对比评测以及预估搜索引擎营销的消费、效果以及趋势来提高投放效果。

通过对关键词的分析，如果发现初始策略不足要及时调整，确保不会影响未来的广告投放计划。

三、制订推广计划

根据目标受众完成网站设计和制作。

通过对关键词历史数据的分析，为网站推广活动设置合理的关键指标，就是推广目标。

基于 SEM 目标和策略，考虑推广费用、时间、资源等客观因素，确定广告投放的关键词表，制定最佳的推广组合方案。

进行广告推广效果监测系统的测试与设定。

试试监测广告投放和 SEO 效果。

选择合适的搜索引擎营销平台进行广告投放。

跟踪、评估广告投放和 SEO 效果。

四、推广数据分析与优化

对每周、每月、每个季度或是每个指定的时间进行跨度数据汇总，生成 SEM 报告，陈述当前形势，进行数据分析。

基于历史数据、投放数据、效果数据分析更新调整关键词以及网站内容。

如有不可控因素存在，或者预期与实际情况差异较大，需要调整策略以及基准点，并与各方达成共识。

基于数据报告和分析得出结论，制定优化方案，在各方确认后实施。

项目总结

学习收获

通过对本项目的学习,我的总结如下:

一、主要知识

1.
2.
3.
4.

二、主要技能

1.
2.
3.
4.

三、成果检验

项目八

社群运营

◨ 项目介绍

在前面的项目中我们已经学习了内容营销，了解了内容营销在整个行业的重要性。根据行业分析报告得出的结论，我们发现，获取一个新的顾客成本很高。很多店铺和商家，一方面在搜索竞价广告上优化自己的关键词出价，从而节约成本；另一方面也在开展内容营销、短视频营销等。

而本项目我们将学习社群营销，很多商家会建立自己的微信群、QQ群，群成员具有共同爱好和相同的价值观，商家对群的定位可能是福利群、兴趣群等，不管是什么群，最终的目的还是转化用户。本项目将以英语教育软件流利说的相关背景知识为例，来讲解社群运营的用户画像分类、用户行为路径、激励政策；其次介绍工具的使用，以提高社群运营效率。

◨ 学习目标

知识目标

(1) 了解社群运营相关知识；
(2) 了解社群运营的意义和价值；
(3) 学习和了解流利说相关背景知识；
(4) 通过案例掌握社群运营用户分类；
(5) 通过案例掌握社群运营行为路径；
(6) 掌握社群运营变现方式。

能力目标

(1) 掌握社群表单工具；
(2) 能够正确填写旅游社群运营的表格。

素质目标

(1) 具备社群运营的策划和管理能力；
(2) 具备对用户需求和行为的洞察和分析能力；
(3) 具备数据分析能力；
(4) 具备团队协作和沟通能力；
(5) 具备持续学习和更新知识的能力。

互联网品牌营销

▣ 知识结构

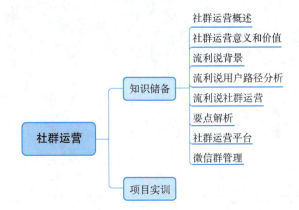

▣ 学习计划

小节内容		社群运营	社群运营案例分析	案例核心材料	社群营销变现及渠道
课前预习	预习时间				
	预习自评	难易程度 问题总结：	□易 □适中 □难		
课后巩固	复习时间				
	复习自评	难易程度 问题总结：	□易 □适中 □难		

◪ 知识储备

模块一 社群运营

一、社群运营概述

1. 什么是社群

社群是一群由相互关联的人形成的网络，是基于关系链的产物。比如，北京驴友俱乐部、回龙观读书群。这种群能够聚集志同道合的人，人与人之间有交叉关系和深入的情感连接，且这种连接能够维持一定的时间周期。

2. 社群运营的定义

有些企业能很好地将一个社群打造成为消费家园，实现盈利，提高自己的知名度，经营是道，营销是术，社群是工具，而社群营销就是利用某种载体来聚集人气，通过产品和服务满足具有共同兴趣爱好的群体的需求而产生的商业形态。所谓的载体，就是各种平台，如微信、微博、论坛，甚至是线下的社区，都是社群运营的载体。

3. 移动互联网加速社群发展

移动互联网为人们提供了一个随时随地社交的平台，激发了人们的社交需求和创造需求。人们可以根据自己不同的需求自由地创建和管理社群，寻求满足感和归属感。同时，人们加入社群的主动性、满意度和归属感的加强，将促进移动社群的进一步发展。因此，人与人之间的实时交互和自由聚合变得无处不在，无所不能。

二、社群运营意义和价值

社群是形成一致价值观和利益共同体，满足个体体验和精神需求的群体；是具有共同价值观和亚文化，基于信任和共识，被某类互联网产品满足需求的群体。社群是由用户自己主导的商业形态，可以获得高价值，降低交易成本。

1. 社群是低成本高效率的推广载体

互联网的兴起改变了人们对信息的获取方式，互联网的大量信息不仅降低了信息流通成本，也降低了人们的信任程度。随着渠道的拓展、产品线的拉长，越来越难以获得集中的流量，而社群不仅极大地降低了信任成本，也集中了流量的来源，所以说社群是一个低成本高效率的推广载体。

2. 社群是企业与客户之间的桥梁

企业可以通过社群完成对客户的反馈、咨询和需求等一系列服务；并可以随时通过社群进行互动，增加用户黏性；还可以快速地搜集客户的反馈，便于维护客户。

3. 社群可以挖掘出客户的衍生价值

企业可以在社群中发掘出更多的客户消费信息与用户消费习惯，可以更好地开发出新的产品满足客户的周边需要。

> **课堂讨论**
>
> >>>议一议：请以自己熟悉的社群为例，想一想他们如何利用社群实现价值。
>
> _____
>
> _____

模块二　社群运营案例分析

通过上一个模块的学习，我们已经了解了社群和社群运营的基本知识，也知道了社群运营的价值所在。下面我们将通过企业的真实案例，一步步还原社群运营的方法和技巧。

一、流利说背景

1. 流利说创立

随着在线教育的发展，很多新兴的教育 App 开始在市场出现，实现了很多技术飞跃，比如我们常用的学习通、猿辅导、有道、流利说、作业帮等。其中比较具有代表性的就是流利说。我们就以流利说为例分析社群运营。很多工作的人，特别是想在自己的岗位上有所提升的人，掌握英语非常重要，而流利说的 AI 人工教学方法是一种突破，其社群营销做得也非常不错，值得我们研究学习。下面先介绍流利说的创始人（见图 8-1、图 8-2）。

流利说创始人个人经历

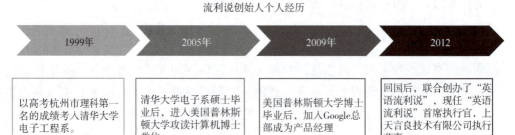

图 8-1　创始人经历

图 8-2　创始人王翌

创始人创办流利说的初衷就是他发现很多白领在英语学习上有痛点：首先人们很多时间都是碎片化的，如上班、中午吃饭休息的时间；其次就是当下流行的人工智能分析学习，结合这些开发一款可以满足碎片化学习的人工智能软件就成了，加上很多人学习完喜欢在微信朋友圈分享，2013 年流利说一上线就迅速火爆朋友圈，用户的注册量达到了惊人的 1 000 万。

从企业运营的角度来说，我们发现，用户打开 App 的时间和次数都很少，那么怎么解决 DAU（日活跃用户数量）呢？那就是借助微信的生态，用户打开次数最多的就是微信，因此我们需要掌握微信的各种拉新促活转化知识。下面就让我们一起来看一看流利说社群运营机制。流利说官网介绍如图 8-3 所示，流利说社群运营机制如表 8-1 所示。

图 8-3　流利说官网介绍

表 8-1　流利说社群运营机制

1	首次加入班会	进行自我介绍和分组
2	每日小组 PK 打卡	
3	每天一道测试题	
4	班主任难题讲解	
5	同学进行分享	
6	期末测试	
7	拼团助力购课	

通过流利说社群运营机制的转化，截至2022年，流利说的总用户数量在2亿左右（见图8-4）。通过社群运营和其他营销方式的结合，流利说已经成长为庞大的学习群体了。

图 8-4　流利说注册用户逾 2 亿

2. 流利说基本信息

流利说基本信息如表 8-2 所示。

表 8-2　流利说基本信息

广告语	赋能每一个人实现最大潜力
产品定位	科技驱动，提供创新和差异化的产品和服务，不断完善用户的学习体验
业务分类	流利说®英语、流利说®阅读、流利说®懂你英语 A+、流利说®发音、流利说®雅思等
主业务	流利说懂你英语 A+
交易模式	C2B、C2C
用户群体	15~50 岁，对英语学习有需求的用户

3. 流利说用户画像

百度指数和易观千帆官网的数据显示，流利说目标用户覆盖了学生族和上班族，年龄

19~50岁都有，女性偏多。

流利说的使用人群主要分布在广东、江苏、河南、山东、北京等省市（见图8-5），流利说的活跃用户在700万左右，中等消费人群比较多，移动端占比最多的是苹果设备，而且很多用户来自新一线城市，用户付费意愿高，也很容易转化，具体如图8-6~图8-11所示。

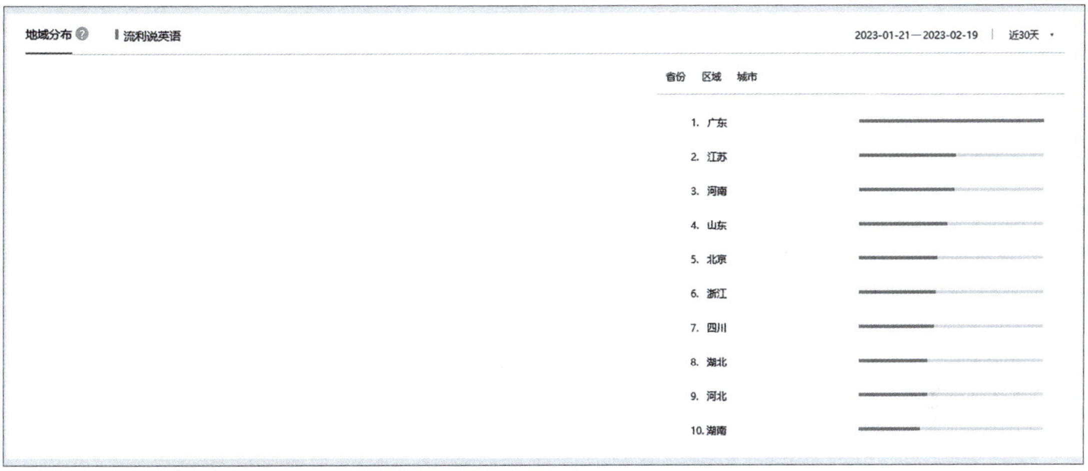

图 8-5 百度指数流利说用户地域分布

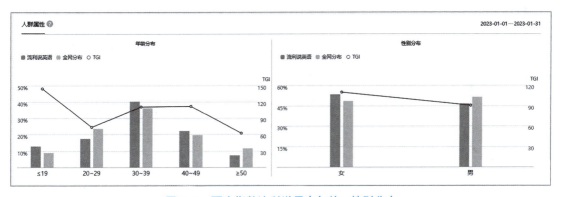

图 8-6 百度指数流利说用户年龄、性别分布

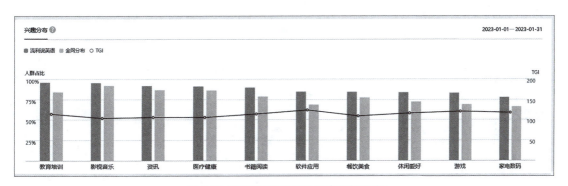

图 8-7 百度指数流利说用户兴趣分布

互联网品牌营销

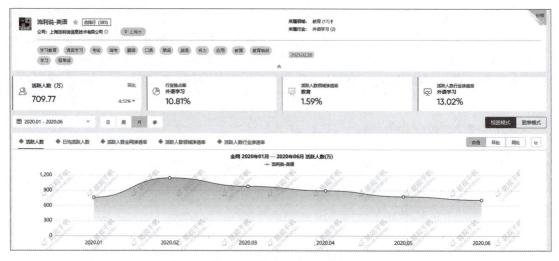

图 8-8　流利说活跃用户数

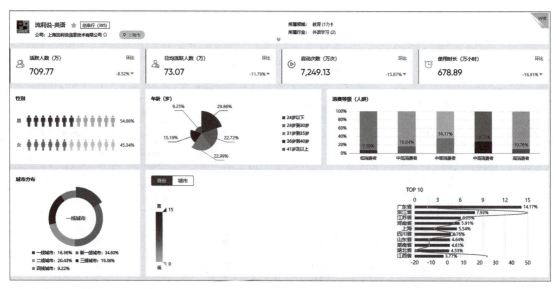

图 8-9　流利说用户基本信息

图 8-10　流利说运营商分析

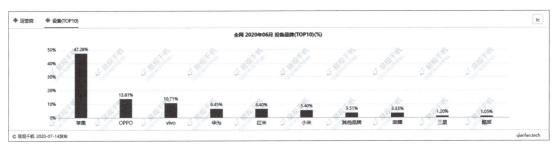

图 8-11　流利说移动端设备品牌

4. 用户需求

（1）从使用场景来看。

应试/考证书：CET4、CET6、TOEFL、IELTS、考研等需求。

职场发展：跨境电商的兴起，很多行业需求和外资企业开会、洽谈、日常沟通。

（2）从英语具体能力上来看。口语能力提升、写作能力提升、翻译水平提升、阅读能力提升等。

5. 业务梳理

流利说主要是采用内容收费的模式，比如低价课转高价课、免费课转付费课、学费返现的方式。

通过等级提升，从听说读写、词汇、语法、日常口语等英语所需的 7 大维度场景教学，帮助学习者提高效率、节省时间。若学习者一年能提升 3 个等级，返 2 000 元现金。流利说等级如图 8-12 所示。

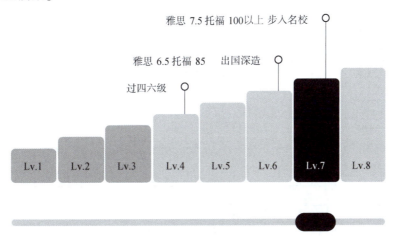

图 8-12　流利说等级

二、流利说用户路径分析

1. 流利说 App 入群路径分析

流利说 App 入群路径分析如图 8-13 所示。

互联网品牌营销

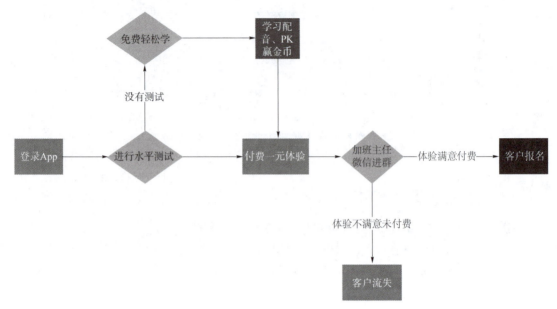

图 8-13 流利说 App 入群路径分析

2. 流利说公众号入群路径分析

流利说公众号入群路径分析如图 8-14 所示。

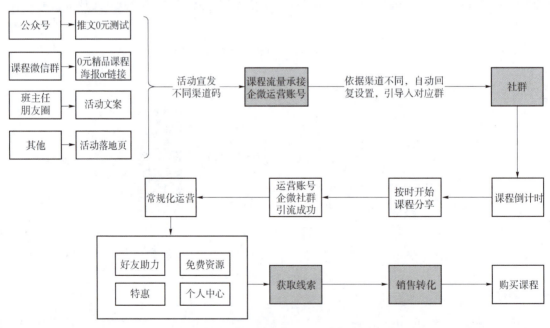

图 8-14 流利说公众号入群路径分析

流利说入群具体步骤：关注公众号，免费测试英语水平，免费领取最新的学习资料和内部精品课程，识别海报二维码，邀请好友助力，通过付费课程进入班级群，如图 8-15 所示。

项目八 社群运营

图 8-15　流利说入群具体步骤

三、流利说社群运营

1. 修改群名称

流利说有时候会把群名称修改为"你有 77 条未读消息",以吸引学员注意力,这是一个非常有效的活动通知方法。很多学员看到这个群名称,都会忍不住点进群去看一下到底发生了什么事情。

2. 微信群发公告

流利说群公告如图 8-16 所示。具体如下:

　　终极福利来啦,懂你英语 A+小班课奖学金升级,有史以来最高 2 000 奖学金,让你的学习更安心!

　　192 节直播课,52 节专项课从听说读写、词汇、语法、日常口语等英语所需的 7 大维度全方面场景教学,帮助你提高效率,节省时间。若你一年能提升 3 个等级,返 2 000 现金奖学金!

　　你想了解的话,赶紧进群抢占名额。

3. 私信通知学员

私信内容如下:

图 8-16　流利说群公告

互联网品牌营销

内部消息：3月起，私教课再无7 980元价格以及赠送一年半A+课时返利活动，观望已久的同学们可以抓住最后一次降价活动了！错过即原价报名，仅一年学习时长！

进群了解私教课模式，尽快找到适合自己的学习方法提高英语！

4. 营造神秘感

通过多种渠道进行通知，确保信息能够充分传达给每一个学员。一方面保证活动的到场率，让更多老学员参与互动，烘托氛围；另一方面让老学员在群内回复周末学习赢奖励（见图8-17）。完成任务可以解锁一些流利说的课程作为奖励，可以在周末促进社群活跃，提高参与率。

5. 每周复盘

每周复盘如图8-18所示。每周班主任会奖励学习上榜的同学，学员的热情高涨，学习劲头更大。

图8-17 流利说群互动

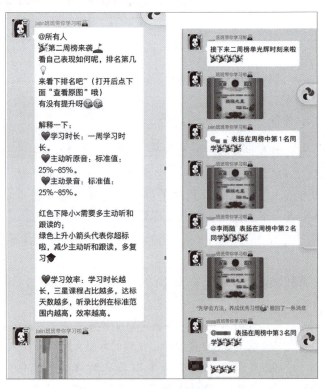

图8-18 流利说群复盘

四、要点解析

1. 流利说社群运营要点

我们在学习过程中肯定都会有这样的体会，为了班集体或者团队的利益，宁愿牺牲自己,也不给团队拖后腿。社群运营打造的就是这种"班级"的氛围,下面一起看看流利说社群机制运营的要点(见表 8-3)。

表 8-3 流利说社群运营要点

要点	思考
自愿参加	(1)自愿坚持,会让那些学习落后的学员没有借口,从而为后期转化提供了可能; (2)购买完课程学员学习的热情都很高,参与度也很高
4人一组	人一多,就会发现,其他人不完成的话,我也没事,这样很容易造成理所当然的一种心态
小组长	(1)可以实现小组自我管理; (2)小组长更为积极地完成任务
组之间的 PK	各组之间进行对抗,其他的同学都在努力完成,自己也应坚持

2. 通过各种渠道和方法进行通知

群内通知:修改群名称、定时发群公告、红包倒计时、文字签到、看到请复制。
群外通知:私信群发通知、短信通知、电话通知、邮件通知、QQ 群通知等。

3. 学员的分享和后续课程转化

流利说会组织优秀的学员在群中进行分享(见图 8-19),坚持做一件事情很有成就感,学员也乐于分享。优秀学员所说的会对其他学员产生影响,获得大家的认同,当然流利说还会进行付费课程的继续转化。

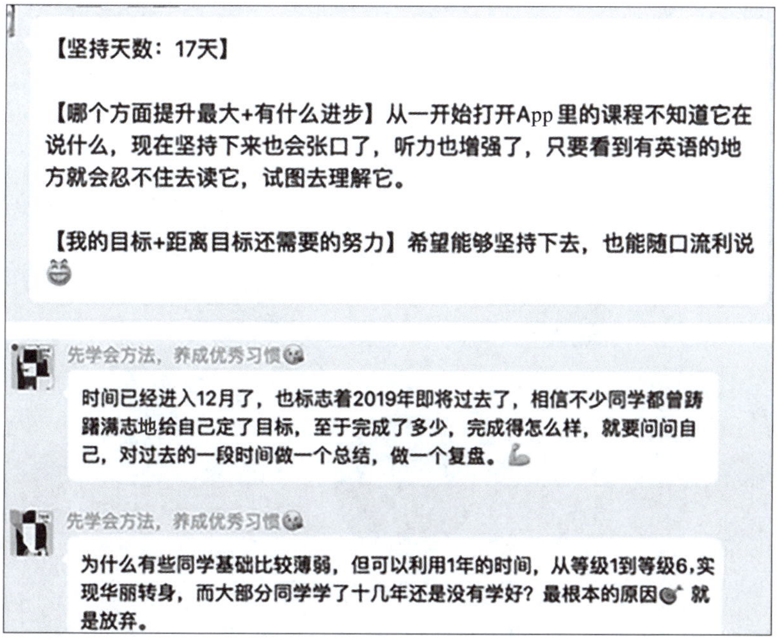

图 8-19 流利说群学员分享

模块三 案例核心材料

大家会发现流利说的社群运营管理确实是值得借鉴和学习的，但是光是理论的掌握，还不足以让大家提高社群的管理效率，当一个微信群正式进入运营阶段，会有很多细节问题需要处理。通常情况下，这些日常的管理和维护任务都交给群管理员，其实还有很多辅助工具可以用，甚至可以说，通过利用工具，我们完全可以将微信群的日常操作"自动化"。因此下面介绍一些常用的工具。

一、社群运营平台

1. 社群的主要类型

社群的主要类型如图 8-20 所示。

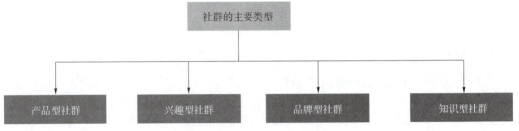

图 8-20 社群的主要类型

2. 建立社群的目的

建立社群的目的如图 8-21 所示。

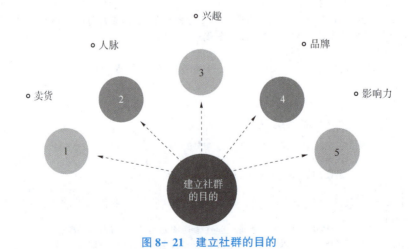

图 8-21 建立社群的目的

3. 社群运营平台

社群运营平台如图 8-22 所示。

图 8-22　社群运营平台

二、微信群管理

1. 微小云——私域营销首选，社群管理专家

微小云是国内领先高效的微信群管家，官网为 http：//www.weiyunbot.com/index.html，是智能微信群管理工具，微信群通过引入微云助手，开通社群空间，可实现群聊内容保存、微信群数据统计、娱乐游戏等功能；同时能实现自动拉人踢人，开启群任务、群话题、签到通知、定时提醒等，可极大提升微信群管理效率和活跃度，帮助实现微信群变现，是社群运营的利器。

（1）添加机器人，机器人进群。

①准备两部手机。

②一部手机安装微云助手客户端，另外一部手机安装官方微信客户端。

③登录并单击微云助手首页右上角"绑定机器人"按钮，如图 8-23 所示。

④也可以单击中部的"暂无机器人，点击绑定"按钮进行绑定，如图 8-24 所示。

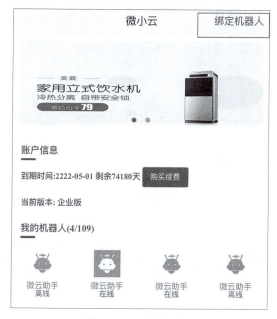

图 8-23　机器人选择

图 8-24　绑定机器人

⑤等待系统出现二维码，使用另外一部手机扫描二维码，并确定登录。扫码后请勿手动关闭微云助手二维码页面，请等待系统自动完成登录过程。

⑥登录成功后，绑定的号会自动变成机器人，系统会自动向绑定的手机号发送登录提示，将号拉入任意群即可服务。绑定成功如图8-25所示。

图8-25　绑定成功

（2）设置好友对话，回复固定文字或者图片。
①App首页微小云在"我的机器人"中单击需要设置的机器人，如图8-26所示。
②选择好友功能，单击"离线助手"选项，如图8-27所示。

图8-26　设置机器人

图8-27　离线助手

③开启固定回复（见图8-28），可以设置固定回复的内容或使用图片。
（3）设置新人欢迎语。
①点击登录的机器人，如图8-29所示。

项目八 社群运营

图 8-28 开启固定回复

图 8-29 微云助手机器人

②选择群组功能，单击"入群欢迎"选项，如图 8-30 所示。

③选择已经添加的设置，或者单击右上角"删除"按钮新建一个设置（可以有多个配置，适用不同的群组），如图 8-31 所示。

图 8-30 入群欢迎

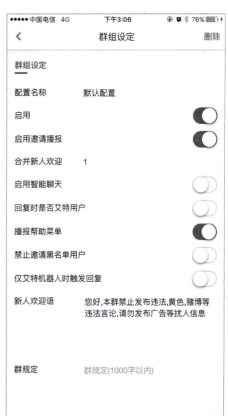

图 8-31 设置欢迎语和群规定

203

④配置名称用来区分不同群组的新人欢迎，可以根据自己的喜好设置。

⑤只要选择了启用，该条规则就会生效，取消启用后，则不会触发新人欢迎语，新人欢迎语如图8-32所示。

（4）开启签到功能。

①点击登录的机器人，如图8-33所示。

②选择群组功能，单击"签到积分"选项，如图8-34所示。

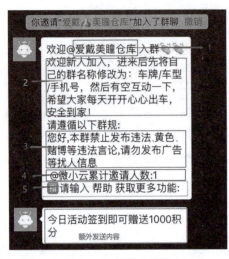

图8-32　新人欢迎语

图8-33　微云机器人

图8-34　签到积分

图8-35　添加积分配置

③选择已经添加的设置，或者单击右上角"添加"按钮新建一个设置（可以设置多个配置，适用不同的群组）。

④每项积分只要大于0即为开启状态，如果需要取消发放积分，则将积分值设置为0即可。可以根据自己需要设置奖励内容，默认为积分，如金币等，如图8-35所示。

⑤签到积分开启时，群友发送"签"或者"签到"即可进行签到，每日仅可签到一次。也可以自定义签到关键字，由于一些关键字可能被屏蔽，因此同一个"签到"关键

字无法触发时可更换关键字签到。积分签到配置如图 8-36 所示，签到示例如图 8-37 所示。

图 8-36　积分签到配置

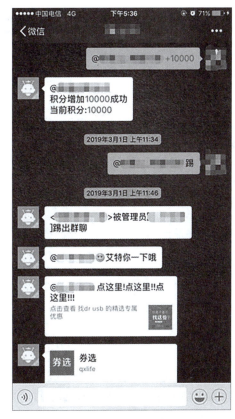

图 8-37　签到示例

（5）设置早晚问候。

①点击登录的机器人。

②选择群组功能，点击早晚问候。

③设置名称用来区分不同的配置。

④设置问候后，系统会在早上 8 点、中午 11 点、下午 5 点左右分别发送设置好的问候语。

2. 一起学堂——微信多群直播

一起学堂是湖南有态度网络科技旗下的一款社群微课综合服务 App，官网地址为 http://www.17vsell.com/，拥有多群转播、直播间、微课工具箱等多种功能栏目，以"工具+内容"为核心，属于学习型社群，可以进行用户传播、管理、变现。

（1）使用多群直播。

①统计你所要同步的群总数，在"微课分享"公众号下单付款。

②付款后添加公众号推给你的微信号（以下简称"小助手"）。

③添加好友后发送验证码给小助手确认身份。

④将小助手拉进你所有需要同步直播的群。

互联网品牌营销

绑定多群直播如图 8-38 所示。

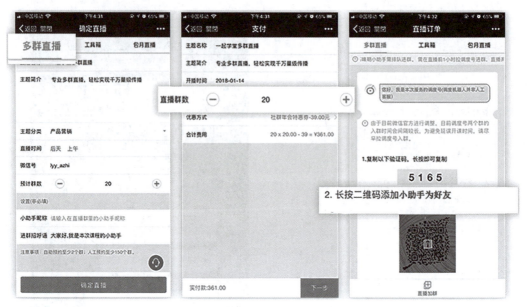

图 8-38 绑定多群直播

⑤选择一个群设置为主讲群，在主讲群中选择指定人为讲师。群助手如图 8-39 所示。

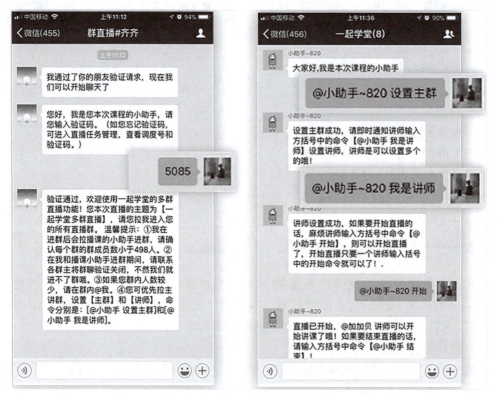

图 8-39 群助手

(2) 直播间。

①课程语音合成（见图8-40），既可以播放，也可以下载（功能）。

②课程语音转文字，同时支持下载转换的文字（功能）。

③设置课程收费，他人查看课程需付费（变现）。

④设置课程佣金比例，可以让他人帮助分销课程（变现）。课程变现如图8-41所示。

图8-40　课程语音合成　　　　　　　　　　图8-41　课程变现

⑤音频课程（见图8-42），听课用户可扫描二维码进群，沉淀精准"粉丝"（留存）。

⑥课程赞赏（见图8-43），为精彩的课程内容点赞（变现）。

图8-42　音频课程　　　　　　　　　　图8-43　课程赞赏

(3) 工具箱的使用。

①群主招募（见图8-44）：快速完成万级群部署。

②问答讨论（见图8-45）：轻松解决直播过程多群互动难题。

③签到管理：轻松统计多群上课人数。

互联网品牌营销

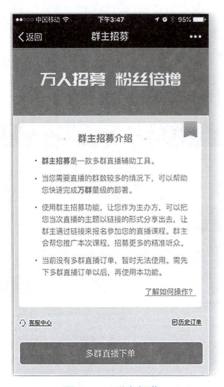

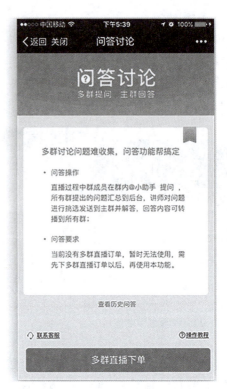

图 8-44　群主招募　　　　　图 8-45　问答讨论

④批量通知：课前通知，多群同步到位。签到管理和批量通知如图 8-46 所示。

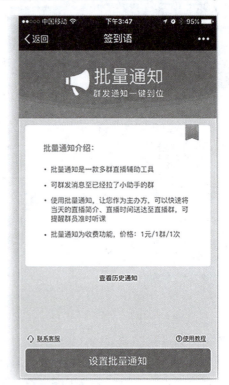

图 8-46　签到管理和批量通知

模块四　社群营销变现及渠道

企业运营社群，需要投入大量的成本，包括时间成本、人力成本和运营成本。不管是直接在社群进行变现，还是以社群为载体用其他方式进行变现，成功变现都有一个前提，即提供等价的服务。用户只有觉得值得的时候，才会心甘情愿下单。即便是 9.9 元的小风扇，如果用户觉得不值这个钱，也不会买。

社群变现需做好两件事：一是做好自己的个人 IP，二是做好自己提供的服务内容。做好这两件事变现就是水到渠成的事情了。那么，除了像上述流利说通过课程的方式变现，还可以通过哪些方式变现呢？到底有哪些落地的商业变现方式？常见的变现方式如图 8-47 所示。

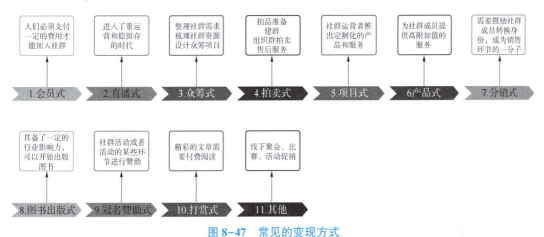

图 8-47　常见的变现方式

素养提升

2020 年 1 月 28 日，福州一学生报警：有人利用新冠肺炎疫情口罩紧缺的情况，在微信群里散发有大量口罩出售的虚假信息，造成数名在校学生被骗。接报后，福州市公安机关迅速查明犯罪嫌疑人真实身份和藏匿位置。当天傍晚 6 时，在闽侯荆溪镇绿洲家园小区，刑侦部门抓获诈骗犯罪嫌疑人梁某。

经查，梁某利用防疫形势严峻、口罩紧缺的情况，在其没有口罩实物的情况下，通过微信群发布其有大量口罩出售的信息，在多名受害人向其转账购买口罩后，"拉黑"受害人，非法获利。

>>>想一想：在日常的生活学习中，需要注意社群中的哪些问题？

_____
_____

互联网品牌营销

自学检测

1. 单选题

(1) 社群是（　　）。

A. 一种营销工具　　　　　　　　B. 由相互关系的人形成的网络

C. 一种商业形态　　　　　　　　D. 一种消费家园

(2) 以下不属于社群主要类型的是（　　）。

A. 产品型社群　　　　　　　　　B. 兴趣型社群

C. 品牌型社群　　　　　　　　　D. 电商型社群

(3) 以下不属于社群运营平台的是（　　）。

A. 微信　　　　B. 微博　　　　C. 百度贴吧　　　　D. 京东

(4) 以下不属于社群变现方式的是（　　）。

A. 会员式　　　B. 直播式　　　C. 拍卖式　　　　　D. 微信红包式

(5) 以下不属于微信群管理工具的是（　　）。

A. 微小云　　　B. 一起学堂　　C. 微信助手　　　　D. 群管助手

2. 多选题

(1) 社群运营的意义和价值有（　　）。

A. 社群是低成本、高效率的推广载体　　B. 社群是企业与用户之间的桥梁

C. 社群可以挖掘出用户的衍生价值　　　D. 社群可以提高企业的利润率

(2) 以下属于社群运营平台的有（　　）。

A. QQ　　　　　　B. 微信　　　　　C. 微博

D. 百度搜索　　　E. 陌陌

(3) 以下属于社群变现方式的有（　　）。

A. 会员式　　　　B. 直播式　　　　C. 拍卖式

D. 打赏式　　　　E. 免费式

3. 判断题

(1) 社群是一种基于关系链的产物。　　　　　　　　　　　　　　　　　（　）

(2) 移动互联网加速了社群的发展。　　　　　　　　　　　　　　　　　（　）

(3) 社群是一种高成本、低效率的推广载体。　　　　　　　　　　　　　（　）

(4) 微信、微博、QQ等都可以作为社群运营平台。　　　　　　　　　　　（　）

(5) 社群变现的前提是提供等价的服务。　　　　　　　　　　　　　　　（　）

4. 简答题

(1) 请简述社群运营的定义。

(2) 请简述社群的主要类型。

(3) 请简述社群变现的方式。

答案

项目八 社群运营

📖 项目实训

案例材料

中国康辉旅游集团有限公司创建于1984年，总部设在北京，是国家特许经营中国公民出境旅游、大陆居民赴台湾旅游的组团社，也是中国旅行社协会副会长单位。

历经30余年发展，康辉已成为全国大型骨干旅行社之一。康辉业务全面，覆盖出境游、入境游、国内游、赴台游、邮轮旅游、签证办理、机票代理、旅游定制、差旅服务、会展商务等业务，是中国综合旅游服务运营商之一，也是中国旅游用户最多的企业之一。

康辉旗下拥有300余家子、分公司，超过3 000家的门店遍布全国，年营业收入逾百亿元。康辉经过不断提升与发展，在消费者心目中树立了良好的品牌形象。

现如今，康辉在云南的业务也非常好。2023年云南文旅厅发文，进一步规范旅游市场秩序，提升旅游服务质量，树立云南旅游良好形象，康辉也准备结合文旅厅文件要求，提升自己的服务质量，树立自己的品牌。

实训素材

（1）安装了基本办公软件与制图软件的计算机设备；
（2）智能手机、单反相机等实训设备；
（3）社群运营营销工具。

小试身手

学生分组，各组选出组长，以小组为单位进行实训操作。本次实训以案例材料中企业为背景。2023年5月19日是第13个"中国旅游日"，准备以线上平台为依托，在云南民族村开展一场"旅游惠民月"线下活动。前期我们需要结合所学知识增加活动"粉丝"数量，完成活动社群的传播，并根据材料背景填写社群规划表。

1. 社群规划全流程 SOP

社群规划全流程 SOP 如表 8-4 所示。

表 8-4 社群规划全流程 SOP

流程	项目		具体内容说明	参考案例	备注
第一步	群定位		社群的目的是什么？		
第二步	内容规划	群规范			
		内容输出			
		产品输出			
		价值观输出			
		互动内容			
		服务			

续表

流程	项目		具体内容说明	参考案例	备注
第三步	人员管理	强IP			
		核心用户			
		群托			
		普通成员			
第四步	社群激励及价值	产品价值			
		物质价值			
		精神激励			

2. 社群基础搭建标准作业程序（SOP）

社群基础搭建SOP如表8-5所示。

表8-5 社群基础搭建SOP

序号	项目	内容说明	案例
1	社群分类定位	鱼塘群：	
		中转群：	
		核心社群：	
2	社群组织架构	社群等级：	
		社群活动：	
		社群成员特权：	
		标签管理	
		模板消息	
3	群名称		
4	社群群规		
5	社群成员	强IP	
		核心用户	
		群托	
		普通成员	
6	群成员昵称	统一格式	城市—行业—昵称

3. 社群日常维护执行

社群日常维护执行如表 8-6 所示。

表 8-6　社群日常维护执行

时间	内容	社群互动	原因	备注
	新人入群			
	群广告清理	截图		
早上 7 点 30 分—8 点 30 分				
11 点				
13—16 点				
17—18 点				
晚上 19 点 30 分				
所有展示形式：图片+文字				
	企业实力图			
	话题			
	晒单领红包			
	闲聊时			
社群互动小技巧				
互动时把握节奏，文案不要一次性全发出去，保留互动时间，中间间隔 1~2 分钟				
举例：				

4. 建立社群并使用微小云进行辅助

（1）根据案例实训介绍，确定康辉旅游集团使用的社群（QQ 群、微信群、微博）；

（2）添加机器人，机器人进群；

（3）设置欢迎语；

（4）设置早晚问候；

（5）社群人数达到 50 人。

互联网品牌营销

实训评价

任务实践报告

学校名称：_____　　班级：_____　　教师姓名：_____

学生姓名：_____　　日期：_____

课程名称：_____

任务名称：_____

1. 请整理任务要点

任务要点如表 8-7 所示。

表 8-7　任务要点

任务	完成时长	实践过程、方法、技巧
社群规划		（请写下你对这项关键点的技巧、方法的理解或总结）
社群基础搭建		
日常维护		
实践小结：（请对今天所实施的项目及任务进行小结，可以谈谈感想或觉得不足的地方，也可以对老师或对课程提出意见或建议）		

2. 社群搭建运营任务评价表（自评分说明：最高为 20 分，最低为 1 分）

任务评价表如表 8-8 所示。

表 8-8　任务评价表

序号	评价指标	自我评价		教师评价	
		不足（选填）	评分	点评	评分
1	是否按时完成任务				
2	小组合作情况				
3	机器人进群				
4	自动欢迎语				
5	社群人数				
	合　计				

项目总结

学习收获

通过对本项目的学习,我的总结如下:

一、主要知识

1.
2.
3.
4.

二、主要技能

1.
2.
3.
4.

三、成果检验

项目九

O2O 活动运营

▣ 项目介绍

李克强在政府工作报告中提出了"互联网+"行动计划,这个战略方向意味着传统企业要全面转型升级或创新做"O2O+"。李克强提到,把以互联网为载体、线上线下互动的新兴消费搞得红红火火,而 O2O 恰好能够将电子商务、移动互联网、物联网、大数据和互联网金融等有效地融合在一起,这正是"互联网+"行动计划落地的最佳方法。本项目将结合新世相"丢书大作战"案例分析得出 O2O 的活动运营方法,对常见 O2O 活动运营进行分析和复盘。

▣ 学习目标

知识目标

(1) 了解 O2O 活动运营相关知识;
(2) 了解 O2O 活动运营的意义和价值;
(3) 通过案例分析得出 O2O 运营的逻辑。

能力目标

(1) 能够填写 O2O 活动运营 SOP 表;
(2) 能够填写 O2O 活动运营总结复盘表。

素质目标

(1) 具备 O2O 活动运营的策划和执行能力;
(2) 具备对用户需求和行为的洞察和分析能力;
(3) 具备 O2O 活动运营的数据分析和总结能力;
(4) 具备团队协作和沟通能力;
(5) 具备持续学习和更新知识的能力。

互联网品牌营销

知识结构

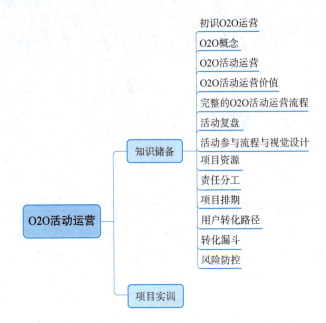

学习计划

小节内容			O2O 活动运营	活动复盘：新世相"丢书大作战"	案例核心材料
课前预习	预习时间				
	预习自评		难易程度　□易　□适中　□难 问题总结：		
课后巩固	复习时间				
	复习自评		难易程度　□易　□适中　□难 问题总结：		

◘ 知识储备

模块一　O2O 活动运营

一、初识 O2O 运营

一位非常知名的企业家说，"他从来没有见过什么样的商业模式像电子商务一样，效率更高，成本更低"，确实如此，电子商务的发展诞生了 B2B、B2C、C2C 等商业模式。O2O 作为一种新的电子商务模式，已经发展得较为成熟了，可能第一次见到这个词的时候，大家会觉得很陌生，但是 O2O 和我们的生活息息相关，涉及线上线下、移动支付、二维码营销等众多领域。

利用 O2O 模式进行营销，不仅可以强化网络品牌宣传，而且通过 O2O 营造广告效应，可获得良好的线上体验。可以说，O2O 在各个方面影响着人们的日常生活。

二、O2O 概念

虽然目前 O2O 已经与人们的生活息息相关，但还是有很多人不知道 O2O 究竟是什么。

O2O 即 Online To Offline（线上到线下），其中的 2 取自英文 To 的谐音 Two。O2O 是指将线下的商务机会与互联网结合，让互联网成为线下交易的前台。这个概念最早来源于美国，涉及范围非常广泛，只要产业链中既可涉及线上，又可涉及线下，就可通称为 O2O。

三、O2O 活动运营

我们已经理解了 O2O 的概念。其实，O2O 这一模式中还包含很多内容，如用户运营、内容运营、活动运营等，本项目重点讲解 O2O 活动运营，那么 O2O 活动运营究竟是什么呢？

> **课堂讨论**
>
> >>>议一议：请你通过图 9-1 中的招聘信息思考一下，什么是 O2O 活动运营？
> _____
> _____

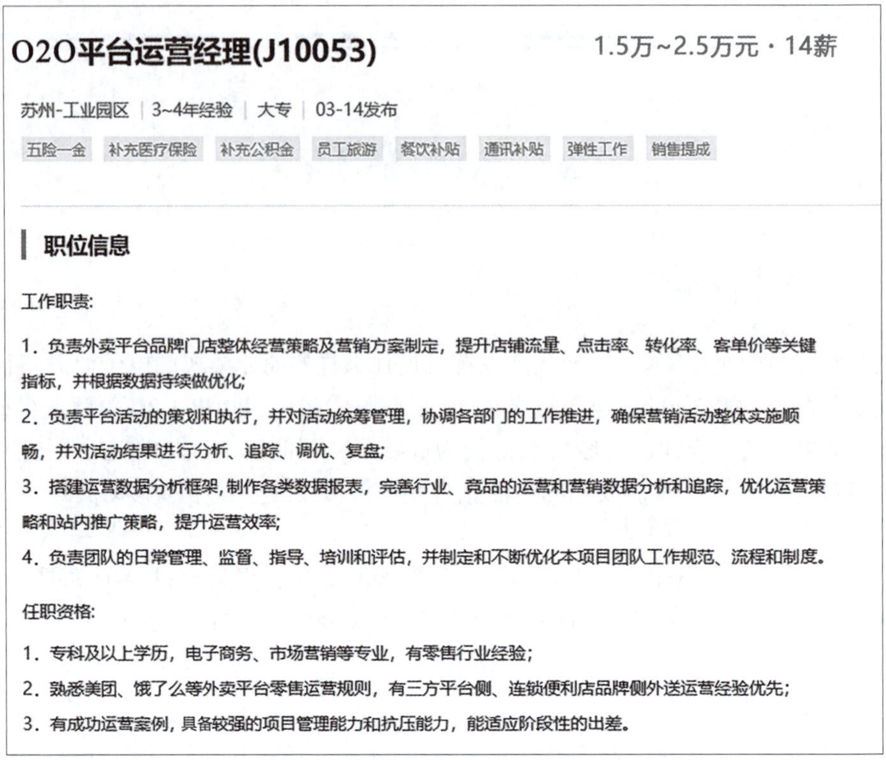

互联网品牌营销

```
O2O平台运营经理(J10053)        1.5万~2.5万元 · 14薪

苏州-工业园区 | 3~4年经验 | 大专 | 03-14发布

五险一金  补充医疗保险  补充公积金  员工旅游  餐饮补贴  通讯补贴  弹性工作  销售提成

职位信息

工作职责：
1. 负责外卖平台品牌门店整体经营策略及营销方案制定，提升店铺流量、点击率、转化率、客单价等关键指标，并根据数据持续做优化；
2. 负责平台活动的策划和执行，并对活动统筹管理，协调各部门的工作推进，确保营销活动整体实施顺畅，并对活动结果进行分析、追踪、调优、复盘；
3. 搭建运营数据分析框架，制作各类数据报表，完善行业、竞品的运营和营销数据分析和追踪，优化运营策略和站内推广策略，提升运营效率；
4. 负责团队的日常管理、监督、指导、培训和评估，并制定和不断优化本项目团队工作规范、流程和制度。

任职资格：
1. 专科及以上学历，电子商务、市场营销等专业，有零售行业经验；
2. 熟悉美团、饿了么等外卖平台零售运营规则，有三方平台侧、连锁便利店品牌侧外送运营经验优先；
3. 有成功运营案例，具备较强的项目管理能力和抗压能力，能适应阶段性的出差。
```

图9-1　前程无忧招聘信息

通过大家的积极讨论，最后我们总结出O2O活动运营是指由一系列的工作组合而成，通过活动策划的形式，并进行有效的渠道和资源整合，使活动落地以达到某种目的的手段。

四、O2O活动运营价值

企业要想获得更好的发展，需要O2O运营思维，绝不能仅仅局限于线下或者线上，需要线上线下联动营销。企业可以记录用户的消费行为来实现精准营销，可以更好地整合资源通过推广促销来降低营销成本，以此提高抗风险能力，为用户带来更多便利体验。O2O活动运营价值如图9-2所示。

O2O对于企业的意义

O2O进行全面资源转型 → O2O进行利益再分配 → O2O建立数字化和社交化、移动化意识，以及消费者需求驱动机制

图9-2　O2O活动运营价值

五、完整的 O2O 活动运营流程

O2O 能给企业带来资源整合，帮助企业加快数字化转型，但是 O2O 活动运营由系列工作组合而成，可以想象工作量是很庞大的，活动运营流程如图 9-3 所示。

图 9-3　活动运营流程

模块二　活动复盘：新世相"丢书大作战"

通过模块一的讨论和学习，相信大家对 O2O 活动运营的概念、价值和流程有了一定的认识。那么，在企业中是如何进行运营实践的？我们将通过一个案例来复盘，了解活动流程、资源整合分配、项目排期和责任分工等具体的工作任务和细则。"丢书大作战"是一项图书分享活动，源于英国伦敦的公益组织 Books On The Underground。而让这个图书分享活动火爆的真正原因是《哈利·波特》中扮演赫敏的英国女演员艾玛·沃特森（Emma Watson），下面我们一起来探究新世相是如何成功的。

活动复盘

1. 活动背景

《哈利·波特》中赫敏的饰演者 Emma Watson 联合 Books On The Underground 在伦敦地铁发起了一项读书分享活动。她在地铁里丢了 100 本书，还在书中附上亲手写的纸条，希望让自己喜欢的书被更多人读到，并在社交媒体上号召大家去寻宝。

此事件在中国传播之后，很多读者在新世相的后台留言。新世相也积极与 Emma 参与的伦敦地铁读书行动负责人取得了联系，并进一步优化了这个创意，将这个原本就很有趣的创意做成了更具象、更有目的性的活动，迅速使这个创意在中国得到了更大范围的传播。

2. 活动详情

2010年11月15日晚，新世相公众号发布活动预告，称次日早8点将发起活动"丢书大作战"。同时次日公众号推送《我准备了10 000本书，丢在北上广地铁和你路过的地方》的图文，迅速成刷屏之势，短时间突破10万，微博也登上热搜榜，话题阅读量突破亿次，如图9-4所示。

图9-4　"丢书大作战"微博

3. 活动后续

该活动推出半年之后，从新世相团队透露的数据来看，"丢书大作战"活动从最初的北上广扩展到深圳、青岛、西安、天津、重庆、沈阳等城市。

每天有500~700位用户会访问"丢书大作战"页面。

搭建图书共享服务"新世相图书馆"，以提供读书服务的方式鼓励图书漂流。除了新世相官方投了近30 000本书，其他少部分是市民在新世相后台申请后自发"丢"出的。

此外，还有几家航空公司和新世相开设了"空中图书馆"，定期在飞机上投放书籍。

发送"北京丢"三个字到新世相微信后台，就可以看到该活动在北京的"丢书"地点，同时在"丢书大作战"的微信后台可以看到，共有31 466本书在漂流。在"丢书直播"一栏中，可以看到部分书籍的漂流记录以及读者留言，平均每天5本左右的书会被捡到。其中有的书已经遇到了三四位读者，有的书被捡到一次后就没有了下文。因为如果读者没有扫描二维码，系统是不会有记录的。

4. 活动亮点

（1）团队执行力强，整合资源迅速。类似"丢书大作战"的活动在国内曾经有人发起过，但都没有造成太大的影响。当其他人还在左右衡量评估可行性的时候，新世相真的这么做了。

活动中的每本书都经过特别加工：除封面上贴有"丢书大作战"的醒目书贴及活动简单说明外，扉页上还贴有每本书专属的独立二维码，扫码可了解这本书的漂流轨迹，每一个捡到这本书的读者都可以看看之前的读者留言。新世相微信公众号互动内容如图 9-5 所示，新世相书贴如图 9-6 所示。

图 9-5　新世相微信公众号互动内容

图 9-6　新世相书贴

（2）流程设计简单，操作门槛低。在活动上线当日的推文《我准备了 10 000 本书，丢在北上广地铁和你路过的地方》，文字简洁有力，玩法引导清晰，用户选择容易。该文章详细解释了用户比较关心的问题，比如：

①为什么会有这次行动？

互联网品牌营销

②我们做了哪些事？
③谁在一起做这件事？
④如果想丢书，如何参与？

（3）赋予用户使命感，制造稀缺感。

新世相为此次活动定义的初衷是"让拥挤的地铁和乏味的城市变得不一样"，击中当下年轻人的精神痛点，具有了公益和利他属性的活动事件会天然占据制高点。新世相想营造出的感觉是，你有责任去做这样一件事。新世相活动初衷如图9-7所示。

为什么会有这次行动：升级版的"赫敏藏书"

"赫敏在伦敦地铁藏了100本书"的消息在社交网络上快速传播。同时，密集出现两种意见：1. 很希望我们也有这样有趣温暖的读书活动；2. 不相信这样的事会在我们这里成功。

因为过去5个月里"新世相图书馆"组织了数万人的城市读书漂流，我和同事收到上百条私下和公开呼吁，希望能在国内组织这个活动。我们决定接受这个挑战，试着做它的升级版，并让它长期存在。

很多人也提醒说，这些书可能会丢失，人们可能根本不感兴趣。所以它也许以失败告终，但我愿意和你们一起试试看。没认真试过，不能说放弃。

图9-7 新世相活动初衷

（4）微博微信联动，KOL（关键意见领袖）发声。选择微信和微博有很大一部分原因在于新世相的大部分受众是基于微信订阅号，如果同时引爆，起点可以在强关系链条上。同时新世相找到一批明星站台。仅仅是最早的活动发起人黄晓明、张静初、徐静蕾，三人微博"粉丝"数就分别达5 043万、247万、370万。微博联动KOL发声如图9-8所示。

图9-8 微博联动KOL发声

项目九 O2O 活动运营

素养提升

随着移动互联网的发展，O2O 给我们的生活带来了极大的便利，我们可以在手机上轻松实现电影票、美食、门票的预订，但也使电信诈骗犯罪案件高发。我们总结出的电信诈骗犯罪案件高发的原因，主要有六个方面：

（1）大量个人信息遭泄露，甚至被买卖，成为犯罪分子筛选潜在行骗对象的重要手段；

（2）部分地方的工商登记机关、银行机构对申请注册公司、开立银行账户行为把关不严；

（3）行政监管、行政处罚缺位，导致部分一般违法行为发展为犯罪；

（4）互联网技术发展的同时导致网络电信诈骗行为查处、打击困难；

（5）犯罪分子依靠技术手段，具有较强的反侦查能力；

（6）被害人因自身贪念、心理承受能力差、识别能力差等弱点，易陷入犯罪分子精心设计的圈套。

>>>想一想：提出防范电信网络诈骗犯罪的对策及建议。

模块三 案例核心材料

一、活动参与流程与视觉设计

1. 捡书环节

新世相捡书环节独立开发了一套专属网站和线上系统。传播渠道触达，用户选择参与后进入落地页，关注新世相的公众号，查看图书的漂流路径，活动的参与用户分享转发从而形成裂变式的传播。捡书环节流程如图 9-9 所示。

2. 丢书环节

丢书环节也独立开发了一套专属网站和线上系统。用户从什么渠道进入，从而触达用户，用户选择参与后进入落地页，关注新世相的公众号，填写表格，活动的参与用户分享转发从而形成裂变式的传播。丢书环节流程如图 9-10 所示。

二、项目资源

短时间内整合了很多的大牌合作资源，以及大 V、公共交通服务方、媒体、出版社等外部关系。资源整合分析如图 9-11 所示。

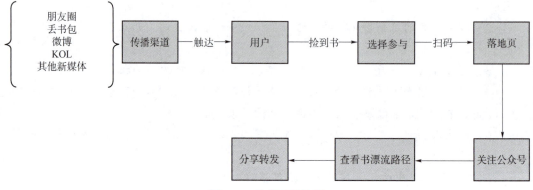

图 9-9　捡书环节流程

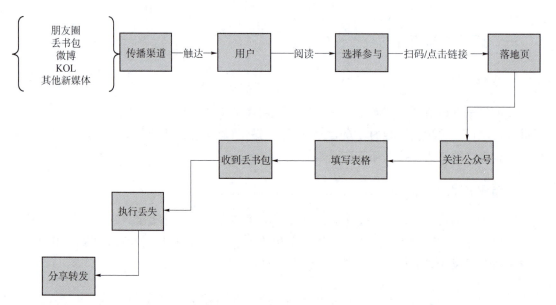

图 9-10　丢书环节流程

项目九 O2O 活动运营

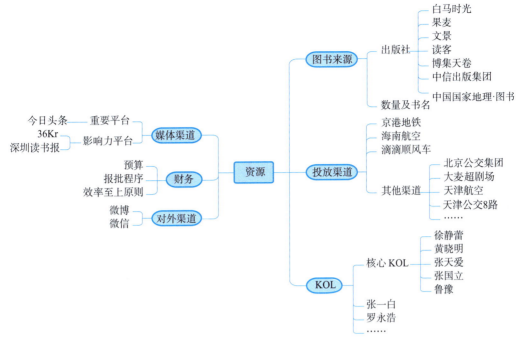

图 9-11 资源整合分析

三、责任分工

"丢书大作战"的责任分工如表 9-1 所示。

表 9-1 责任分工

活动人员需求：总负责人 1 名，运营组成员 4 名，城市责任组各 1 名，公关组成员 2 名，技术组人员 2 名，总计 12 名		
公关组	总负责人	首次及重大场合对外沟通；统筹项目整体进度；把握项目方向及效果
	公关专员 A	内容产出
	公关专员 B	KOL 及媒体渠道沟通
运营组	运营专员 A	微信公众号运营管理
	运营专员 B	微博运营管理
	运营专员 C	物料筹备及志愿者管理 SAQ（简短回答问题）编写
	运营专员 D	投放环节
城市执行组	广州负责人	广州地区物流、仓储、投放及志愿者分配
	北京负责人	北京地区物流、仓储、投放及志愿者分配
	上海负责人	上海地区物流、仓储、投放及志愿者分配
技术组	技术总监	接收运营组需求并反馈，负责为各技术功能实现提供技术支持、功能测试
	技术专员	接收运营组需求并反馈，负责为各技术功能实现提供技术支持、功能测试

四、项目排期

"丢书大作战"进度推进表如表 9-2 所示。

表 9-2 "丢书大作战"进度推进表

"丢书大作战"进度推进（截至 15 日上线）

阶段	内容		任务	负责人	产出	耗时	十一月							
							7周一	8周二	9周三	10周四	11周五	12周六	13周日	14周一
筹备期	推广		公众号文案	公关专员 A	准备预热活动 2 篇、正式上线 1 篇、新闻报道 2 篇	4								
			公众号功能	技术总监	实现城市、按钮、自动回复、读者留言、书籍眼踪等功能，并提前测试	3								
			公众号海报	运营专员 A	北上广三版，链接到活动的二维码	2								
			微博推广	运营专员 B	微博"促活"活动设计、文案准备	4								
			KOL 联系	总负责人 & 公关专员 B	徐静蕾、黄晓明、张天爱、张国立等 6 名，为其准备文案及动态图	4								
			伦敦活动组联系	总负责人	争取获得该机构授权，并利用其信息发布渠道为我方活动背书	3								
			媒体资源联系	公关专员 B	与《深圳读书报》、今日头条等媒体联系，进行媒体渠道资源汇总	3								
			媒体稿件	公关专员 A	PR（公共关系）通稿产出	3								
	资源		书籍资源准备	运营专员 B	联系中信出版社集团、读书、文景等 6 家机构，产出书籍捐赠计划并完成接收，将活动执行期意向合作范围备案，灵活扩大合作范围	3								
			贴纸二维码物料	运营专员 C	设计—定稿—与供应商联系—收货	3								
			物料整合	运营专员 C	各团队贴好书籍之后，在各投放点就近运输存放书籍	3								

续表

"丢书大作战"进度推进（截至15日上线）

阶段	内容	任务	负责人	产出	耗时	十一月 7 周一	8 周二	9 周三	10 周四	11 周五	12 周六	13 周日	14 周一
筹备期	资源	活动流程设计	运营专员A	梳理用户参与流程，并编辑规则文案	3								
		车辆租赁	城市组	运输方案产出，最好找到一家公司覆盖不同城市	3								
		物资存放	城市组	地理位置适中，与物流代理做好信息互通	2								
		投放许可	总负责人&运营专员D	取得京港地铁、滴滴、海航等投放渠道授权，并与具体线路管理人员建立联系	4								
		投放后勤	运营专员B	与各投放渠道及城市组做好沟通，保护我方参加活动书籍及工作人员权益	4								
		投放点确认	运营专员B	做好投放点计划及资源分配计划	3								
	项目团队	确认干系人	运营专员A	项目开发制作的流程、微信群组建、城市负责人、职能板块负责人	0.5								
		项目启动会	运营专员A	活动定位、目标人群、项目精神、项目背景、活动目标、进度表、头脑风暴	0.5								
		志愿者招募与培训	运营专员C	招募志愿者参与工作，并推备合适纪念品	4								
		头脑风暴会议	运营专员A	征集创意，发现风险	0.5								
		项目推进会	运营专员A	核心团队方案优化及难点攻克	0.5								
		SAQ答疑方案	运营专员A	志愿者行动手册	1								
		项目同步会	运营专员A	全体信息同步及动员	1								

续表

"丢书大作战"进度推进（截至15日上线）

阶段	内容		任务	负责人	时间 产出	耗时	7 周一	8 周二	9 周三	10 周四	11 周五	12 周六	13 周日	14 周一
										十一月				
执行期	推广		宣传素材	公关专员B	同类活动资料图；场景摆拍（LOGO露出）	1								
			公众号	公关专员A	上线正式活动文章	1								
			微博	公关专员B	按计划发送、做好互动	1								
			KOL	公关专员B	转发微博、动图	1								
	资源		合作媒体	公关专员B	发PR通稿	1								
			书籍投放	运营专员B	按计划投放	1								
			书籍跟踪	运营专员&技术组	书本漂流路线，输出数据地图	1								
运营期	推广		宣传素材	公关专员B	收集线上反馈和照片，作为后续文章素材	1								
			公众号	公关专员A	正式发出活动文章，并做好数据统计	1								
			微博	运营专员B	定时追踪，更新进度，转发KOL微博	1								
			KOL	公关专员B	根据KOL进行投放活动的同时，回收书籍	1								
	资源		参与者鼓励	运营专员B	鼓励参与者参与活动的同时，维护、回收书籍	1								
			书籍跟踪	运营专员D	控制书籍丢失破损率，维护更新后台数据	1								
			空余书籍回收	运营专员C	安排志愿者及时回收散落书籍，重新入库传安排	1								
			书籍补投	运营专员C	库存书籍维护及补投，保证书籍流动数量	1								

五、用户转化路径

用户转化路径（见图9-12）简洁明了，首先用户通过朋友的分享或者朋友圈的爆火文章了解到为什么会有这次行动，其次用户通过活动页面关注公众号进行丢书或捡书的活动，从中营造了神秘感和稀缺感，用户积极转发分享。

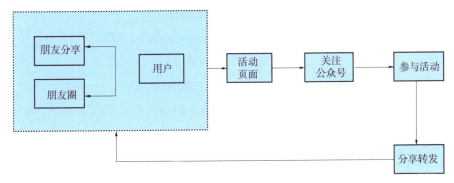

图9-12　用户转化路径

六、转化漏斗

新世相漏斗模型（见图9-13）展示了用户从第一次接触业务，到最后转化的每一个流程。从新世相"丢书大作战"的环节出发，分为推送产生点击数、落地活动页、我要捡书或者丢书、关注新世相公众号、转发分享，新世相可以观察哪个环节出了问题，根据实时的动态数据分析，边优化边调整，提升业务能力。

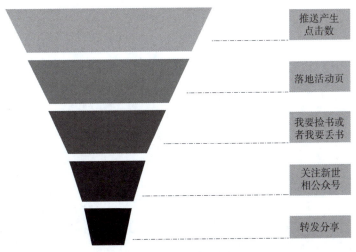

图9-13　新世相漏斗模型

七、风险防控

企业进行活动运营时要有风控意识，预判出现的问题和提出解决的方案。我们可以看到新世相从舆论把控到书籍的保护都做了分析，确认了相关的责任人，提出了对应的问题，给出了解决方案。风控思路如图9-14所示。

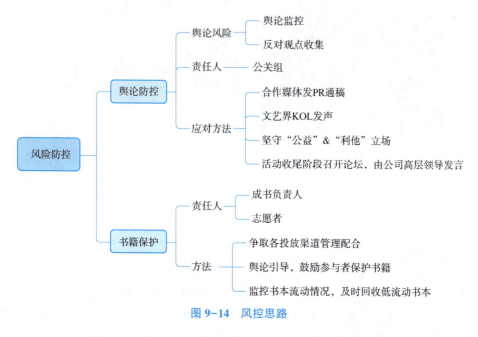

图9-14　风控思路

自学检测

1. 单选题

（1）O2O 是指（　　）。

A. Offline To Online（线下到线上）　　B. Online To Offline（线上到线下）

C. Online To Online（线上到线上）　　D. Offline To Offline（线下到线下）

（2）O2O 活动运营是指（　　）。

A. 通过活动策划的形式并进行有效的渠道和资源整合，使活动落地以达到某种目的的手段

B. 将线下的商务机会与互联网结合，让互联网成为线下交易的前台

C. 利用 O2O 模式进行营销，强化网络品牌宣传，营造良好线上体验

D. 将线上的商务机会与互联网结合，让互联网成为线上交易的前台

（3）活动复盘是指（　　）。

A. 对过去的活动进行回顾和总结

B. 对未来的活动进行规划和设计

C. 对活动的执行过程进行监控和评估

D. 对活动的结果进行分析和归纳

（4）"丢书大作战"活动中，每本书都经过的特别加工是（　　）。

A. 封面上贴有"丢书大作战"的醒目书贴及活动简单说明

B. 扉页上贴有每本书专属的独立二维码

C. 每一个捡到这本书的读者都可以看看之前的读者留言

D. 以上都是

（5）新世相为"丢书大作战"活动定义的初衷是（　　）。

A. 让拥挤的地铁和乏味的城市变得不一样

B. 提供读书服务的方式鼓励图书漂流

C. 让更多人读到自己喜欢的书

D. 以上都是

2. 多选题

（1）O2O 活动运营包括的内容有（　　）。

A. 用户运营

B. 内容运营

C. 活动运营

D. 营销运营

（2）"丢书大作战"活动的亮点有（　　）。

A. 团队执行力强，整合资源迅速

B. 流程设计简单，操作门槛低

C. 赋予用户使命感，制造稀缺感

D. 微博微信联动，KOL 发声

（3）O2O 对于企业的意义有（　　）。

A. 进行全面资源转型

B. 建立数字化和社交化、移动化意识

C. 进行利益再分配

D. 提高了企业的抗风险能力

3. 判断题

（1）O2O 是指将线下的商务机会与互联网结合，让互联网成为线下交易的前台。（　　）

（2）O2O 活动运营是指通过活动策划的形式，并进行有效的渠道和资源整合，使活动落地以达到某种目的的手段。（　　）

（3）"丢书大作战"活动中，每本书都经过特别加工，扉页还贴有每本书专属的独立二维码，扫码可了解这本书的漂流轨迹。（　　）

（4）新世相为"丢书大作战"活动定义的初衷是"让拥挤的地铁和乏味的城市变得更加拥挤和乏味"。（　　）

（5）O2O 能够帮助企业加快数字化的进程，提高企业的抗风险能力。（　　）

4. 简答题

（1）请简述 O2O 活动运营的价值。

（2）O2O 活动运营的流程包括哪些内容？

答案

项目九 O2O 活动运营

◨ 项目实训

案例材料

中国康辉旅游集团有限公司创建于 1984 年，总部设在北京，是国家特许经营中国公民出境旅游、大陆居民赴台湾旅游的组团社，也是中国旅行社协会副会长单位。

历经 30 余年发展，康辉已成为全国大型骨干旅行社之一。康辉业务全面，覆盖出境游、入境游、国内游、赴台游、邮轮旅游、签证办理、机票代理、旅游定制、差旅服务、会展商务等业务。是中国综合旅游服务运营商之一，也是中国旅游用户最多的企业之一。

康辉旗下拥有 300 余家子、分公司，超过 3 000 家的门店遍布全国，年营业收入逾百亿元。康辉经过不断地提升与发展，在消费者心目中树立了良好的品牌形象。

现如今，康辉在云南的业务也非常好，2023 年云南文旅厅发文，进一步规范旅游市场秩序，提升旅游服务质量，树立云南旅游良好形象，康辉也准备结合文旅厅文件要求，提升自己的服务质量，树立自己的品牌。

实训素材

（1）安装有基本办公软件与制图软件的计算机设备；
（2）智能手机、单反相机等实训设备；
（3）社群运营营销工具。

小试身手

学生分组，各组选出组长，以小组为单位进行实训操作。本次实训以案例材料中的企业为背景。2023 年 5 月 19 日是第 13 个"中国旅游日"，准备以线上平台为依托，在云南民族村开展一场"旅游惠民月"线下活动。我们需要以活动策划的形式，进行渠道和资源整合，请结合所学知识，完成线上活动策划相关表格的填写。

1. 填写基本信息表

基本信息表如表 9-3 所示。

表 9-3　基本信息表

项　目	内　容
主题	此处描述本次活动主题
缘由	活动的背景及前提
目的	活动的目的，拉新/促活/留存还是品牌/公关属性
负责人	活动负责人，不需要写成员
协助	本次活动协助的人员，含产品/设计/开发/测试/公关/行政等成员
执行	负责本次活动执行的参与者
KPI 要求	相关的 KPI 指标，PV/UV/IP 等数据
时间	活动的实施时间
相关页面	本次活动涉及的关联页面（含宣传页/落地页）
亮点	活动复盘后，总结本次活动表现突出的方法/渠道/流程/人员等
难点	活动复盘后，总结本次活动比较困难的技术/流量/人员等问题

续表

项目	内容
复用部分	活动复盘后，总结下次同类型活动可以直接采用的方法/经验
总结	活动整体总结

2. 填写相关规则表

相关规则表如表9-4所示。

表9-4 相关规则表

项目	负责人	具体规则
入选规则	小明	本次活动参与的条件和规则
评选规则	小明	评选时的参考规则
投票规则	小明	参与者的投票规则，需要有防刷机制和防羊毛机制
奖品选择	小明	本次活动的奖品（分实物和虚拟奖品）及奖品等级等相关规则
奖品发放	小明	奖品的发放流程和发放规则，分对内对外两个版本

3. 填写人员分工表

人员分工表如表9-5所示。

表9-5 人员分工表

序号	负责人	参与时间	负责内容	检查点	预计工时/小时	备注
1	小四	2/1—2/22	软文撰写/发布和宣传	软文是否能保质保量完成	18	
2	小明					
3	小明					

4. 填写物料准备表

物料准备表如表9-6所示。

表9-6 物料准备表

序号	1	2	3	4	5	6
名称	软文					
类型	文章					
要求	字数在2 000字					
数量	3					
规格	—					
负责人	小四					
需求时间	2月14日					
进度	进行中					
备注	作者在初稿阶段					

5. 填写费用预算表

费用预算表如表 9-7 所示。

表 9-7　费用预算表

序号	项目	类别	单价/元	数量	费用/元	需求时间	负责人	进度	备注
1	渠道软文	宣传物料	800	5 篇	4 000	2023/2/8	小明	已完成	
2	iPhone 手机	奖品	7 000	1 部	7 000	2023/2/8	小明	跟进中	
3									

6. 填写活动数据表

活动数据表如表 9-8 所示。

表 9-8　活动数据表

序号	项目	负责人	KPI	实际数据	完成度	问题	备注
1	软文	小明	阅读：10 000+	19 382	100%	投放时间还是有点紧，可能需要提前 2 小时左右	
2							
3							

7. 填写渠道安排表

渠道安排表如表 9-9 所示。

表 9-9　渠道安排表

序号	渠道	负责人	物料	投放时间	数据	备注
1	微信公众号	小明	软文	2019/2/13	阅读：19 382 好看：34 评论：21	
2						
3						

8. 填写项目跟踪表

项目跟踪表如表 9-10 所示。

表 9-10　项目跟踪表

项　目	项目 1	项目 2	项目 3	项目 4	项目 5	项目 6	项目 7	项目 8	项目 9
类别									
责任人									
预计开始时间									
预计完成时间									
预计工时/小时									
预计工期/天									

续表

项　目	项目1	项目2	项目3	项目4	项目5	项目6	项目7	项目8	项目9
实际开始日期									
实际完成日期									
超过/不足实际工时									
实际工时/小时									
超过/不足实际工期									
实际工期/天									
备注									

9. 填写检查清单表

检查清单表如表9-11所示。

表9-11　检查清单表

序号	日期	时间	分类	检查事项	负责人	确认	完成情况	延迟完成时间	备注
1	2月12日	8点	上线测试		小明	小萌	已完成		
2	2月13日	21点30分	宣传确认		小明	小明	未完成	2月15日	设计图有误，需要重新修改
3									
4									
5									

10. 填写流程及任务分配

流程及任务分配表如表9-12所示。

表9-12　流程及任务分配表

序号	时间段	项目	具体事项	负责人	目前进度	问题点	解决方法	备注
1	2/2—2/13	筹备期	活动策划及具体执行方案	小明				
2								
3								

11. 填写活动总结表

活动总结表如表9-13所示。

表9-13　活动总结表

进　度	类　型	详细内容	备　注
筹备期	优点		
	缺点		

续表

进　度	类　型	详细内容	备　注
准备期	优点		
	缺点		
执行期	优点		
	缺点		
收尾期	优点		
	缺点		
总结期	优点		
	缺点		

12. 填写附录表

附录如表 9-14 所示。

表 9-14　附录

序号	项目	名称	规格/px	负责人	完成时间	进度	备注
1	活动图片	朋友圈宣传卡片	900×360	小明	2月11日	已完成	
2	相关文档						
3	活动文案						

实训评价

任务实践报告

学校名称：_____　　班级：_____　　教师姓名：_____
学生姓名：_____　　日期：_____
课程名称：_____
任务名称：_____

1. 请整理任务要点

任务要点如表 9-15 所示。

表 9-15　任务要点

任　务	完成时长	实践过程、方法、技巧
活动基本信息		（请写下你对这项关键点的技巧、方法的理解或总结）
人员分工		
物料准备		
费用预算		
渠道安排		

续表

任　务	完成时长	实践过程、方法、技巧
项目跟踪		
检查清单		
流程及分配		
实践小结：（请对今天所实施的项目及任务进行小结，可以谈谈感想或觉得不足的地方，也可以对老师或对课程提出意见或建议）		

2. O2O 活动运营任务评价表（自评分说明：最高为 10 分，最低为 1 分）

任务评价表如表 9-16 所示。

表 9-16　任务评价表

序号	评价指标	自我评价		教师评价	
		不足（选填）	评分	点评	评分
1	是否按时完成任务				
2	小组合作情况				
3	活动基本信息				
4	人员分工				
5	物料准备				
6	费用预算				
7	渠道安排				
8	项目跟踪				
9	检查清单				
10	流程及分配				
	合计				

项目九 O2O 活动运营

项目总结

学习收获

通过对本项目的学习，我的总结如下：

一、主要知识

1.
2.
3.
4.

二、主要技能

1.
2.
3.
4.

三、成果检验

参 考 文 献

[1] 邓金梅. 移动营销 [M]. 北京：人民邮电出版社，2021.
[2] 杨泳波. 社群营销 [M]. 北京：人民邮电出版社，2018.
[3] 刘海燕，陆亚文. 移动营销 [M]. 北京：人民邮电出版社，2018.
[4] 杨韧，肖凯，俞洋洋. SEO 搜索引擎优化 [M]. 北京：人民邮电出版社，2020.
[5] 秋叶. 直播营销 [M]. 北京：人民邮电出版社，2017.